Marion Lepold / Theresa Lill / Carola Rittner

Digitale Zusammenarbeit mit Familien in der Kita

Marion Lepold / Theresa Lill / Carola Rittner

Digitale Zusammenarbeit mit Familien in der Kita

HERDER
FREIBURG · BASEL · WIEN

MIX
Papier | Fördert gute Waldnutzung
FSC® C010798

www.herder.de

Umschlaggestaltung: Röser MEDIA GmbH & Co. KG, Karlsruhe
Satz: Röser MEDIA GmbH & Co. KG

Covermotiv: © in-future / GettyImages
Alle Icons: © Benedikt Dietrich;
Fotos im Innenteil: Seite 9: © Hispanolistic - GettyImages-1402700314;
Seite 25: © Oksana Kuzmina - AdobeStock_296290382;
Seite 31: © deagreez - AdobeStock_335369676; Seite 60: © Thomas Lepold;
Seite 63: © Rawpixel - GettyImages-1127324447; Seite 71: © SDI Productions - GettyImages-1173363326; Seite 74: © CaiaimageSam Edwards - GettyImages-544489653;
Seite 89: © PeopleImages - GettyImages-1402732903;

Herstellung: Graspo CZ, Zlin
Printed in the Czech Republic

ISBN Print 978-3-451-39454-6
ISBN EBook (PDF) 978-3-451-82920-8
ISBN EBook (EPUB) 978-3-451-82919-2

Inhalt

Einleitung

Die Zusammenarbeit mit Familien ist ein wichtiger Bestandteil der pädagogischen Arbeit in Kindertageseinrichtungen. Diese Bedeutsamkeit unterstreichen auch die Beschlüsse der Kultusministerkonferenz, die für alle Kindertageseinrichtungen in Deutschland verbindlich sind: „Aufgrund der gemeinsamen Bildungs- und Erziehungsverantwortung wirken Fachkräfte und Eltern partnerschaftlich zusammen. Regelmäßige Gespräche mit den Eltern über das Kind sowie Informations- und Bildungsangebote für Eltern in der Tageseinrichtung sind von großer Bedeutung. Bei Entscheidungen über wichtige Angelegenheiten, die die Tageseinrichtung betreffen, sind die Eltern entsprechend zu beteiligen" (JMK/KMK 2004, S. 6).

Im Zuge der Corona-Pandemie und den damit verbundenen LockDowns war es den Kitas in vielen Fällen nicht mehr möglich, in den direkten, persönlichen Austausch mit den Familien zu treten. Um in Kontakt zu bleiben, sind viele Einrichtungen auf digitale Kommunikationskanäle ausgewichen. Doch digitale Zusammenarbeit ist weit mehr als nur eine vorübergehende Notlösung.

Digitale Medien und damit auch die verschiedensten Formen der digitalen Kommunikation nehmen in der Gesellschaft immer mehr Raum ein. Deshalb werden digitale Kommunikationswege den Gewohnheiten vieler Familien gerecht. Zudem entstehen durch vielfältige Lebens- und Familienformen ebenso vielfältige Bedarfe bei den Familien. Digitale Medien sind hier eine Möglichkeit, diese unterschiedlichen Bedarfe zu integrieren. Um nur wenige Aspekte zu benennen: Digitale Medien bieten zeitliche und örtliche Flexibilität in der Informationsweitergabe, schaffen allein durch Übersetzungsprogramme die Möglichkeit, Barrieren abzubauen, und durch Fotos, Videos und Sprachaufnahmen neue Partizipationsmöglichkeiten – um nur einige Aspekte zu nennen.

Mit diesem Buch möchten wir vielfältige Ansätze aufzeigen, wie digitale Medien dazu genutzt werden können, die Zusammenarbeit mit Familien in der Kita zu bereichern. Dabei ist uns wichtig zu zeigen, dass digitale Zusammenarbeit weit mehr als die reine Umlagerung einer mündlichen oder gedruckten Informationsweitergabe ist. Zusammenarbeit bedeutet mehr als nur Kommunikation, und somit ist digitale Zusammenarbeit auch mehr als nur digitale Kommunikation. In unserem Verständnis muss in den Blick genommen werden, wie digitale Medien den Austausch von Fachkräften und Familien, aber auch die Partizipationsmöglichkeiten der Familien am Kita-Leben unterstützen. Dabei ist nicht nur die Ebene der erwachsenen Personen, sondern auch die der Kinder zu berücksichtigen. Ganz im Sinne des Bildungsdreiecks: Fachkräfte, Familie, Kind.

Dabei steht das Kind im Zentrum aller Bemühungen, weshalb es bedeutsam ist, auch die Grenzen und Risiken der digitalen Zusammenarbeit in den Blick zu nehmen. Die Zusammenarbeit mit Familien lebt von der Beziehung, die die Kitas mit den Familien aufbauen. Digitale Zusammenarbeit darf nicht dazu führen, dass diese Beziehungen abnehmen, da kein

Austausch, kein Miteinander mehr stattfindet. Wir sehen ein breites Spektrum von analoger und digitaler Zusammenarbeit, bei der bewährte analoge Wege bestehen bleiben, manche Dinge überdacht und durch digitale Möglichkeiten ergänzt werden.

1.

Grundlagen zur digitalen Zusammenarbeit mit Familien

In diesem Kapitel erfahren Sie

- **welche Bedeutung die Zusammenarbeit mit Familien in unserer Gesellschaft hat**
- **wie digitale Medien eine bedarfsgerechte Zusammenarbeit unterstützen können**
- **welche Effekte der Einsatz von digitalen Medien auf verschiedenen Ebenen haben kann**
- **wo die Grenzen und Risiken des Einsatzes digitaler Medien in der Zusammenarbeit mit Familien liegen**

1.1 Die wachsende Bedeutung der Zusammenarbeit mit Familien

Die Zusammenarbeit mit Familien nimmt einen immer größeren Stellenwert in der Frühpädagogik ein, wodurch die Anforderungen an die pädagogischen Fachkräfte stetig zunehmen. In der Vergangenheit wurden Kindertagesstätten primär auf die Erziehung und Betreuung beschränkt, die frühkindlichen Bildungsprozesse wurden dabei kaum beachtet. Dies hat sich in den letzten Jahren erheblich gewandelt, wodurch Kindertagesstätten zum einen in der breiten Öffentlichkeit nun verstärkt als Bildungseinrichtungen wahrgenommen und anerkannt werden. Auf der anderen Seite zeigen nationale und internationale Studien, dass der Bildungsort Familie einen größeren Stellenwert für die frühkindliche Bildung und Entwicklung hat als die institutionelle Bildung.

Indem pädagogische Fachkräfte und Familien gemeinsam mit dem Kind dessen individuelle Bildungsbiografie gestalten, entsteht eine Art Bildungsdreieck. Dabei steht das Kind im Mittelpunkt der Bemühungen. Deshalb ist es wichtig, dass sich seine Bezugspersonen gegenseitig anerkennen und vertrauen. Die Familien sind dabei die Expert:innen für ihr Kind im Speziellen, pädagogische Fachkräfte die Expert:innen für die kindliche Entwicklung und Bildung im Allgemeinen. Auch das Kind selbst ist als Gestalter:in seiner eigenen Bildung anzuerkennen, da es eigenaktiv lernt. In diesem Sinne ist eine Partnerschaft anzustreben, bei der sich Familie und Kindertageseinrichtung gegenseitig als wichtige Lernorte für das Kind begreifen.

Die Mitglieder der Familie als primäre Betreuungspersonen kennen das Kind mit all seinen Facetten und Bedürfnissen am besten. Sie wissen, wann es dem Kind gutgeht, wie es in verschiedenen Situationen reagiert, welche Bedürfnisse es hat und wie sie diese erkennen. Mit Beginn der außerfamiliären Betreuung geben die Familien die Fürsorge für das Kind zeitweise in fremde Hände. Sie sind darauf angewiesen, dass die außerfamiliären Betreuungspersonen die Signale ihres Kindes erkennen und auf seine verschiedenen Bedürfnisse reagieren. Dabei entstehen bei den Familien schnell Sorgen und Ängste: Wird mein Kind in der Kindertagesstätte gut versorgt? Wie können die Fachkräfte bei so vielen Kindern die Bedürfnisse meines Kindes im Blick haben? Geht mein Kind in einer so großen Gruppe vielleicht unter? All diese und noch viele weitere Fragen beschäftigen die Familien, wenn sie ihr Kind außerhalb der Familie betreuen lassen. Um die Bedenken der Familien zu reduzieren, ist es bedeutsam, dass ein intensives Vertrauensverhältnis zu den Fachkräften besteht. Der Aufbau dieses Vertrauensverhältnisses beginnt mit der Eingewöhnung in die Kita und entwickelt sich während der weiteren Betreuung des Kindes weiter. Um die Entwicklung dieses Vertrauensverhältnis zu unterstützen, ist es enorm wichtig, dass die Familien so viel Einblick wie möglich in den pädagogischen Alltag erhalten und größtmögliche Transparenz zwischen der Einrichtung und den Familien besteht. Denn Informationen und Wissen tragen dazu bei, dass die Familien ihr Kind in guten Händen wissen und Vertrauen aufbauen können. In der Einrichtung wird damit nicht nur das Kind, sondern die ganze Familie betreut. Daher ist es wichtig, die Bedürfnisse aller in den Blick zu nehmen.

Im Rahmen der Zusammenarbeit mit Familien haben sich **verschiedene Instrumente** in Kitas etabliert:

- Aufnahmegespräche
- Eingewöhnung
- Entwicklungsgespräche
- Übergabegespräche beim Bringen und Abholen des Kindes
- Möglichkeiten für Hospitationen
- Elternabende oder -nachmittage
- Familiencafés
- Befragungen
- Elternbeirat
- Feste und Veranstaltungen
- etc.

Für das Gelingen der Zusammenarbeit mit Familien können digitale Medien eine unterstützende Ergänzung zu diesen etablierten Methoden darstellen. Sie kommen den Bedürfnissen der Familien entgegen, wie zum Beispiel durch den schnellen und unkomplizierten Austausch von Informationen und durch Einblicke in den pädagogischen Alltag mithilfe von Foto- und Videodokumentationen. Dies vereinfacht die Verzahnung des Bildungsortes Familie und des Bildungsortes Kindertagesstätte. Das Kita-Leben wird für die Familien transparenter, und es fällt leichter, daran teilzuhaben.

> Digitale Zusammenarbeit soll als Ergänzung und Mehrwert dienen und nicht als Ersatz von persönlichen Kontakten. Die Möglichkeiten sind wirklich groß und das Potenzial riesig, das sollte man unbedingt erkennen und nutzen.
>
> *Jessica W., Kita-Fachkraft*

Ebenso kann der Einsatz von digitalen Medien für Familien und Fachkräfte Prozesse im Kita-Alltag vereinfachen. Indem etwa organisatorische Informationen digital geteilt werden, sind diese jederzeit für alle abrufbar. So gehen weniger Informationen unter und zugleich eröffnet sich zum Beispiel die Möglichkeit, die kurze Zeit beim Bringen und Abholen intensiver für einen Austausch über das Kind zu nutzen und die Beziehung zu pflegen.

Selbstverständlich geht mit dem Einsatz von digitalen Medien auch stets ein Anpassen der bisher gelebten Prozesse in der Zusammenarbeit mit Familien einher und erfordert an der einen oder anderen Stelle ein Umdenken.

1.2 Lebenswelten der Familien aufgreifen

Vielfältige Familienformen und Lebensmodelle

Das Konstrukt Familie hat in den letzten Jahrzehnten einen erheblichen Wandel durchlaufen. Es sind viele neue Aspekte hinzugekommen, die auf die Lebensmodelle der Familien Einfluss haben. Die Technisierung, die Urbanisierung, die Hygienisierung, die Modernisierung der Arbeitswelt, die Beschleunigung, die Höherqualifizierung und die Pluralisierung der Lebensstile verändern die Gesellschaft kontinuierlich. Diese Veränderungen wirken auf das System Familie und das Aufwachsen von Kindern. Kinder werden zunehmend institutionalisiert, wodurch sich auch das System der Kindertagesbetreuung stark verändert hat. Gleichzeitig ist das Interesse an der Bildung des Kindes erheblich gestiegen, was auch die Bedürfnisse von Familien verändert hat.

Die durch den gesellschaftlichen Wandel veränderten Familienformen haben ebenfalls Auswirkungen auf das Aufwachsen des Kindes. Auch wenn in Deutschland viele Kinder noch immer in der klassischen Kernfamilie leben, breiten sich zunehmend unterschiedliche Familienformen aus. Die Familienformen, in welchen Kinder aufwachsen, haben sich in den Jahren vervielfältigt, wodurch es nötig wird, sich mit diesen in der Kita zu befassen. Nachfolgend werden verschiedene Familienformen benannt, in denen Kinder aufwachsen; diese verändern sich fortlaufend und entwickeln sich stetig weiter.

Unterschiedliche Familienformen, in denen Kinder heute aufwachsen

- Kernfamilie, bestehend aus Vater, Mutter und Kind(ern)
- Großfamilie
- Regenbogenfamilie
- Einelternfamilie, verschiedenen Ursprungs: Scheidung/Trennung, Todesfall eines Elternteils, Krankheit, (berufliche) Distanz eines Elternteils, künstliche Befruchtung etc.
- Patchworkfamilie
- Wahlfamilie
- Pflegefamilie
- Bei den Großeltern
- In Einrichtungen der Kinder- und Jugendhilfe
- In einem Mehrgenerationenhaus
- In einer sozialen Elternschaft
- In Wohngemeinschaften
- u.v.m.

Die verschiedenen Familienformen müssen als dynamischer Prozess betrachtet werden, da sich zum einen Lebensmodelle wandeln, zum anderen auch die Familienformen verändern können. Zum Beispiel: Ist ein Kind Teil einer Regenbogenfamilie und das Elternpaar trennt sich, verändert sich die Familienform, sodass das Kind möglicherweise in Zukunft in einer Einelternfamilie oder einer Patchworkfamilie aufwächst.

Neben den verschiedenen Familienformen gilt es bei der Analyse auch die Lebensmodelle zu betrachten. Kinder wachsen mehrsprachig, mit verschiedensten sozial-kulturellen Hintergründen, in Armutslagen, mit einer Bildungsbenachteiligung, mit psychisch kranken Eltern(-teilen) etc. auf – jede dieser Lebenslagen bringt für die Zusammenarbeit mit den Familien unterschiedliche Aspekte mit sich. So wird auch „Doing Family" ein immer wichtigeres Thema: Familien, in denen beide Elternteile berufstätig sind, müssen anders organisiert und gemanagt werden, als Familien, bei denen Großeltern fest in die Bildung und Betreuung mit eingeplant sind – um nur ein Beispiel zu nennen. Jede Familienform bringt unterschiedliche Bedingungen und Bedürfnisse mit, die in der Zusammenarbeit zwischen Kita und Familien berücksichtigt werden müssen.

Wichtig ist, dass – unabhängig von den einzelnen Familienformen und Lebensmodellen – die Konzepte der Kindertageseinrichtungen an diese Veränderungen angepasst werden.

Unterschiedliche Bedürfnisse der Familien

Werden die verschiedenen Familienformen und Lebensmodelle betrachtet, wird schnell deutlich, dass jede Familie eigene Bedürfnisse im Hinblick auf die Bildung und Betreuung des Kindes hat. Angebote, die auf die klassische Kernfamilie oder eine bestimmte Klientel abzielen, sind nicht mehr zeitgemäß. Kitas kommunizieren unter anderem mit

- Familien, bei denen sich ein Elternteil für einen längeren Zeitraum im Ausland oder einem anderen Ort aufhält.
- Kindern, die in unterschiedlichen Familienformen aufwachsen (siehe Seite xxx)
- Personen, die in die Betreuung und Bildung des Kindes eingebunden sind (z.B. Großeltern, Babysitter:in, Nachbar:in)
- Betreuungspersonen nichtdeutschsprachiger Herkunft
- Betreuungspersonen, die mit Barrieren konfrontiert sind (z.B. Seh- oder Hörbehinderung)
- etc.

Diese Vielfalt der Ansprechpartner:innen macht deutlich, dass es nicht mehr ausreicht, in der Kita ausschließlich auf analogen Wegen (Aushänge, Elternbriefe etc.) mit den Familien zusammenzuarbeiten. Es müssen Möglichkeiten geschaffen werden, die zum Ziel haben, alle Personen, die an der Bildung und Betreuung des Kindes beteiligt sind, individuell zu erreichen. Dafür ist die digitale Zusammenarbeit ein unersetzliches Instrument. Es ist jedoch nie ausreichend, nur auf einem Kanal mit den Familien zusammenzuarbeiten. Die digitale Zusammenarbeit sollte stets als Ergänzung oder Erweiterung der analogen Zusammenarbeit betrachtet werden. Jede Familie hat individuelle Bedürfnisse, auf die mit den unterschiedlichsten Möglichkeiten der Zusammenarbeit reagiert werden muss.

Hinsichtlich der unterschiedlichen Bedürfnisse von Familien hat Renate Thiersch (2006, S. 80ff) sogenannte „Modi der Zusammenarbeit" mit Familien formuliert. Dabei können sich Familien in mehr als nur einem Modus befinden:

- Modus der Identifikation (Familien wollen genau über sämtliche Ereignisse und Abläufe informiert sein)
- Modus der Delegation (Familien delegieren die Erziehung und Bildung für die Zeit des Kita-Besuches an die Fachkräfte, wünschen sich eher knappe „Tipps")
- Modus der Beratungsbedürftigkeit (Familien erwarten umfassende Beratung in Erziehungsthemen etc.)
- Modus der Unterstützung (Familien fordern praktische Unterstützung von den Fachkräften ein)

Die Erfahrungen aus der pädagogischen Praxis zeigen, dass Familien zunehmend über die pädagogischen Konzepte und Abläufe der Kindertagesstätte informiert werden wollen (= Modus der Identifikation). Sie benötigen größtmögliche Transparenz und wollen die Geschehnisse in der Kita in Bezug zur Entwicklung des eigenen Kindes setzen. Dieser Anspruch stellt Fachkräfte vor immer neue Herausforderungen und Überlegungen: Wie können wir diesem Bedürfnis der Familien nachkommen? Wo erleben wir Grenzen und warum? Welche Formen und Möglichkeiten können genutzt werden, um diesem Bedürfnis gerecht zu werden? Hier können digitale Medien eine große Unterstützung darstellen, vor allem, um möglichst große Transparenz zu schaffen (siehe Kapitel 1.3).

Auch der Modus der Delegation ist bei vielen Familien in der pädagogischen Praxis beobachtbar. Kinder verbringen heute die meiste Zeit des Tages in der Einrichtung, und der Bedeutung der Kita als Bildungsort wird einen immer größerer Stellenwert zugesprochen. Dadurch sind Familien ein Stück weit darauf angewiesen, die Erziehung und Bildung für die Zeit des Kita-Besuches an die pädagogischen Fachkräfte zu delegieren. Dies bringt mit sich, dass Familien den pädagogischen Fachkräften ein hohes Maß an Vertrauen für die Bildungs- und Entwicklungsprozesse des Kindes entgegenbringen. Die Familien betrachten die Fachkräfte als Expert:innen für die Entwicklung ihres Kindes und sind dankbar über Praxistipps für die Zeit außerhalb der Kita. Gerade gute Praxistipps können den Familien einfach über digitale Medien zur Verfügung gestellt werden.

Es gibt nicht mehr „einen" Erziehungsstil, sondern verschiedenste Wege, sein Kind zu bilden und zu erziehen. Dazu kommt, dass Familien heute jederzeit Zugang zu (pädagogischem) Fachwissen haben. Diese unüberschaubare Menge an Möglichkeiten und Informationen führt bei den Familien häufig zur Verunsicherung (= Modus der Beratungsbedürftigkeit). Es fällt ihnen schwer, die „richtige" Information auszuwählen, sich „richtig“ zu entscheiden. Diese Verunsicherungen sind in der pädagogischen Praxis deutlich spürbar und bedingen einen erheblichen Beratungsbedarf der Familien. Mittels digitaler Medien können Beratungsmöglichkeiten organisiert und gute Fachliteratur, Erziehungsblogs oder auch Online-Weiterbildungen empfohlen werden.

Aus dem Modus der Beratungsbedürftigkeit kann auch der Modus der Unterstützung entstehen. Diese Bedarfe betreffen dann häufig Situationen aus dem Alltag, wie zum Beispiel die (Ein-)Schlafsituation zuhause, Unterstützung bei den Bildungs- und Entwicklungsprozessen des Kindes, bei der Lebensbewältigung sowie bei Krisen in den Familien. Kitas sind hier oft die erste Anlaufstelle für die Familien und können ihnen verschiedene Unterstützungsangebote wie Frühförderung, Erziehungsberatung, Schuldnerberatung etc. empfehlen und vermitteln. Eine digitale Übersicht der unterschiedlichen Unterstützungsangebote kann hier sehr hilfreich sein.

1.3 Der Nutzen zeitgemäßer (digitaler) Zusammenarbeit

Mit Blick auf die vielfältigen, unterschiedlichen Bedürfnisse von Familien zeigt sich, dass die digitale Kommunikation erweiterte Möglichkeiten und somit einen ergänzenden Nutzen zu bestehenden Wegen schafft, um auf die Bedarfe zu reagieren.

Transparenz der pädagogischen Praxis

Durch digitale Kommunikation wird ermöglicht, dass die Familien einen umfassenden Einblick in das Geschehen in der Kindertagesstätte erhalten und so mehr Transparenz über den Alltag der Kita entsteht. Je besser die Familien Einblick bekommen, desto mehr Vertrauen entwickelt sich auch in der Zusammenarbeit. Wenn Familien wissen, wie ihr Kind in der Kita betreut wird, mit welchen Bildungsangeboten es in seiner individuellen Entwicklung begleitet wird und was ihr Kind den Tag über erlebt hat, können Familien die Pädagogik und das Konzept der Einrichtung besser verstehen und dadurch eine enge Beziehung zu den Fachkräften aufbauen. Die Beziehung zwischen den Fachkräften und den Familien ist die Basis für eine gelungene und vertrauensvolle Zusammenarbeit. Sie ermöglicht, dass Fachkräfte und Familien offen und ehrlich miteinander kommunizieren, Konflikte thematisieren, Bedürfnisse ausdrücken und so eine tragfähige Grundlage für die gemeinsame Begleitung des Kindes schaffen.

Weiter kann mittels digitaler Kommunikation die Bildungsarbeit der Kita transparent gestaltet werden. Fotos und Videos werden mit verschiedenen Bildungs- und Kompetenzbereichen getagt, wodurch die Familien erkennen können, in welchen Bereichen ihr Kind in seiner Entwicklung begleitet wird. Tags sind Schlagwörter, mit denen Foto-, Video- und Audiodateien kategorisiert werden. Durch Tags von digitalen Dateien können auch Projekte, Angebote und Aktivitäten zu bestimmten Themen und Bildungsbereichen schneller gefunden werden, wenn es darum geht, die Bildungsarbeit der Kita sichtbar zu machen.

> Durch die digitale Zusammenarbeit ist der Alltag der Kinder wesentlich transparenter, und wir können daran teilhaben. So zum Beispiel bei Ausflügen, die dokumentiert werden. Uns werden anonymisierte Bilder geschickt, also Bilder, auf denen keine Gesichter der Kinder abgebildet sind. So sehen wir, was sie erleben. Neulich haben wir Fotos vom Waldausflug erhalten. Da gab es ein Foto, auf dem ein Kind eine Eichel hält. Unter anderem anhand der Jacke konnte ich erkennen, dass dies meine Tochter war, was mich sehr gefreut hat.
>
> *Benjamin L., Vater eines zweieinhalbjährigen Kindes*

Dokumentation der Bildungs- und Entwicklungsprozesse der Kinder

Mittels digitaler Medien können Bildungs- und Entwicklungsschritte dokumentiert und mit den Familien geteilt werden. So wissen die Familien, in welchem Entwicklungsstadium sich das Kind befindet und welche Themen und Interessen es zum Ausdruck bringt. Dadurch können Familien und Fachkräfte individuell das Kind in seiner Entwicklung begleiten und seine Interessen aufgreifen. Das Teilen dieser Prozesse ist ein guter Gesprächsanlass, um analog über die Beobachtungen in der Kita oder zuhause ins Gespräch zu kommen. Zum Beispiel kann eine Fachkraft eine fotografierte oder gefilmte Situation über einen Entwicklungsschritt des Kindes in der Kita den Familien übermitteln. Beim Abholen oder Bringen am nächsten Tag können Familien und Fachkräfte über die dokumentierte Situation sprechen, wodurch der Fokus auf die Bildungs- und Entwicklungsprozesse des Kindes gerichtet wird.

Kommunikationswege sind kürzer und schneller

Ein weiterer Nutzen der digitalen Kommunikation besteht darin, dass die (Übermittlungs-) Wege kürzer und schneller sind, was einen raschen und unkomplizierten Informationsaustausch ermöglicht. Im Fall einer Erkrankung zum Beispiel kann das Kind auf diesem Weg schnell und einfach von der Kita abgemeldet werden, und die Familien müssen nicht mehrfach versuchen, eine Fachkraft telefonisch zu erreichen. Auch die Kommunikation von der Kita an die Familien kann auf digitale Weise erheblich vereinfacht werden. So kann die Kita etwa bei einem größeren Krankheitsausbruch alle Familien gleichzeitig und rechtzeitig darüber informieren und das weitere Vorgehen mitteilen.

Ein zusätzlicher Vorteil ist, dass die altbekannte Zettelwirtschaft vermieden wird und somit zeitliche Ressourcen für das Kopieren und Austeilen von Informationsschreiben eingespart werden.

Erreichbarkeit aller Familien

Aus der miniKIM Studie 2020 (Medienpädagogischer Forschungsverbund Südwest 2021) wissen wir, dass inzwischen 97 Prozent der Familien mit Kindern unter sechs Jahren mit Smartphones, 90 Prozent mit PC oder Laptop sowie 76 Prozent mit einem Tablet ausgestattet sind. Die Erfahrungen der Praxis zeigen außerdem, dass Familien auf digitalen Kanälen erheblich besser erreichbar sind als zum Beispiel durch Elternbriefe und Aushänge. Der digitale Weg stellt sicher, dass Nachrichten auch gelesen werden und alle an der Bildung und Entwicklung des Kindes beteiligten Personen die benötigten Informationen erhalten. Nahezu alle Familien haben ein digitales Gerät immer in unmittelbarer Nähe und können dadurch niederschwellig Nachrichten empfangen oder an die Einrichtung übermitteln. So gehen deutlich weniger Informationen über das Kind und die Geschehnisse in der Kindertagesstätte verloren.

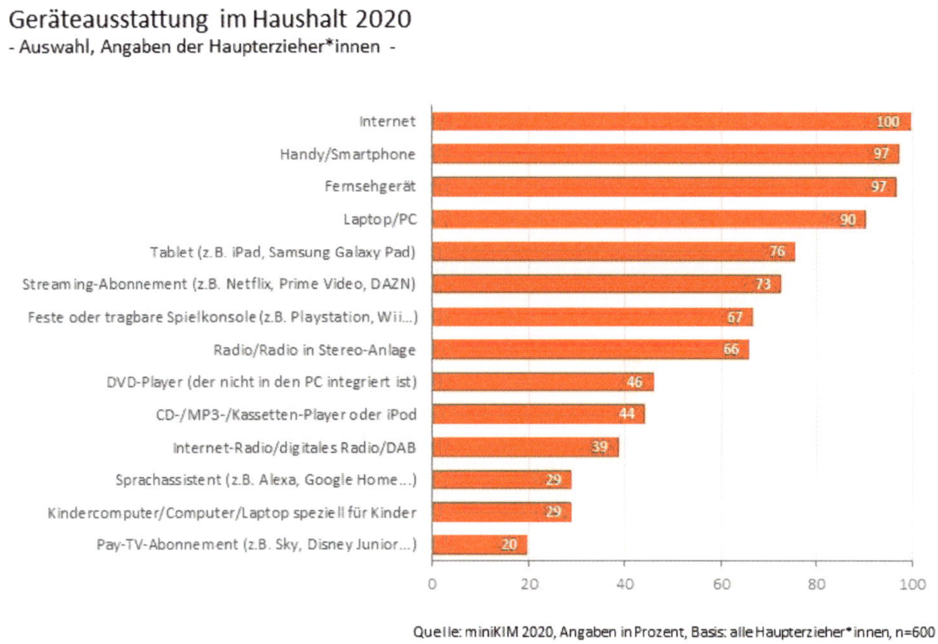

Barrieren in der Kommunikation werden reduziert

Ein weiterer Nutzen der digitalen Kommunikation, der einen erheblichen Stellenwert in der Inklusion hat, ist die Reduktion von Barrieren. Mittels digitaler Geräte können Texte in alle Sprachen übersetzt, vergrößert oder vorgelesen werden. Dies ermöglicht, dass alle Familien, unabhängig von ihren jeweiligen Voraussetzungen, an dem Geschehen in der Kita und den Bildungs- und Entwicklungsprozessen des Kindes partizipieren können. Durch diese Form der Nutzung der digitalen Medien kann Kommunikation auf allen erdenklichen Wegen stattfinden.

Überblick über die Informationen zur Familie

Mittels digitaler Geräte können alle Informationen über die Familie und das Kind erfasst werden, was einen schnellen Zugang zu diesen Daten ermöglicht. So haben die pädagogischen Fachkräfte immer einen Überblick über die Stammdaten der Familie (Buchungszeiten, Adresse, Geburtstag, Allergien, Kontaktdaten etc.), wissen, welche Kinder anwesend und entschuldigt sind und was die Fachkräfte im Hinblick auf das Kind an dem jeweiligen Tag berücksichtigen müssen (z.B. wird das Kind heute von den Großeltern abgeholt). Weiter können Daten unkompliziert geändert und/oder angepasst werden, falls sich zum Beispiel eine Telefonnummer geändert hat. Auf diese Weise sind alle Fachkräfte und Familien gleichermaßen mit Informationen versorgt, welche für die Bildung und Betreuung des Kindes nötig sind. Gerade bei einem großen Kita-Team ist es kaum möglich sicherzustellen, dass alle Fachkräfte auch alle Informationen erhalten und nichts davon verlorengeht.

Einbeziehung des Kindes

Ein weiterer Nutzen der digitalen Kommunikation ist die Einbeziehung des Kindes. Wenn Fachkräfte Informationen über die Bildungs- und Entwicklungsprozesse des Kindes sowie Geschehnisse in der Kita mit den Familien teilen, können sie die Auswahl zuvor mit dem Kind abstimmen und es daran beteiligen (z.B.: Welches Foto wollen wir deiner Familie schicken?). Die Familien wiederum können die geteilten Informationen als Gesprächsanlass nutzen, um sich mit dem Kind über seine Erfahrungen und Erlebnisse in der Kita auszutauschen.

Auch lernen die Kinder durch die Erwachsenen als Vorbilder einen verantwortungsvollen Umgang mit digitalen Medien. Die Kinder erfahren den Nutzen digitaler Medien und erleben diese nicht ausschließlich als etwas zum Konsumieren.

Nutzen digitaler Zusammenarbeit in der Offenen Arbeit

Erfahrungen aus der Praxis zeigen deutlich, dass gerade in der Offenen Arbeit die digitale Zusammenarbeit mit Familien einen großen Nutzen aufweist. Hier arbeiten die Fachkräfte – anders als in Regelgruppen – in größeren Teams zusammen. Weiter sind sie nicht nur für die Kinder einer Kita-Gruppe zuständig, sondern für alle Kinder der Einrichtung und intensiver für ihre Bezugskinder. Dies hat komplexere Strukturen und Abläufe zur Folge, die eine gute Vernetzung erfordern. Daher ist es in der Offenen Arbeit notwendig, dass alle Informationen über das Kind, die Familie und die Geschehnisse des Tages gebündelt werden und allen beteiligten Personen zur Verfügung stehen. Denn: Eine große Herausforderung der Offenen Arbeit besteht darin, dass sowohl Kinder, pädagogische Fachkräfte als auch Familien gut informiert sind.

Im pädagogischen Alltag ist es herausfordernd, alle Kinder im Blick zu haben und über die benötigten Informationen zu verfügen. Ist die Einrichtung mit digitalen Geräten und einer geeigneten Software ausgestattet, kann der Informationsaustausch vereinfacht werden. Auf Tablets mit entsprechenden Apps können sich die pädagogischen Fachkräfte einen Überblick verschaffen. Sie sehen zum Beispiel, welche Kinder anwesend sind. Außerdem können Sie alle relevanten Informationen zu den Kindern und Vorkommnissen im Kita-Alltag und in den Familien abrufen und einpflegen.

Eine weitere Herausforderung der Offenen Arbeit stellen die Bring- und Abholsituationen dar. Nicht immer ist dann die pädagogische Fachkraft mit den Familien im Gespräch, die auch tagsüber mit dem Kind in Kontakt ist. Die Informationen aus dem Übergabegespräch (z.B., dass das Kind nicht gut geschlafen hat) müssen für allen Fachkräften zugänglich sein. Erfasst die pädagogische Fachkraft diese Informationen im Tablet, stehen sie automatisch auch allen anderen Pädagog:innen zur Verfügung. So können die Kolleg:innen, die mit dem Kind in Kontakt sind, die Mitteilungen direkt in ihrer Arbeit berücksichtigen (z.B. ihm die Möglichkeit anbieten, sich hinzulegen).

Darüber hinaus dokumentieren alle pädagogischen Fachkräfte im Kita-Alltag wichtige Informationen, Erlebnisse oder Vorkommnisse direkt digital unter dem Namen des Kindes. Auf diese Weise stehen die Informationen des Tages der Fachkraft, die das Kind am Nachmittag der Familie übergibt, direkt zur Verfügung, und sie kann die Mitteilungen (z.B., dass das Kind einen Ausflug zum Bahnhof gemacht hat) gleich an die Familie weitergeben.

Digitale Kommunikation unterstützt also auch die Abstimmung im Team. Dies wiederum führt dazu, dass die Familien besser informiert sind. Und dieser Überblick schafft Transparenz und damit Vertrauen.

1.4 Effekte digitaler Zusammenarbeit

Die digitale Zusammenarbeit mit Familien kann sich auf viele verschiedene Ebenen auswirken:

Ebene der Familien

Aus den Erfahrungen der Praxis wird deutlich, dass sich das Vertrauensverhältnis zwischen Familien und Fachkräften durch den größeren Einblick in die pädagogische Arbeit der Einrichtung intensiviert hat und die Familien insgesamt zufriedener sind. Weiter sorgt das Teilen von Foto-, Video- und Bildmaterialien dafür, die Bildungsprozesse des Kindes für die Familien transparent zu gestalten. Dies führt dazu, dass sich der Bildungsdruck vonseiten der Familien reduziert und sie zunehmend Vertrauen in die Bildungsbegleitung ihres Kindes gewinnen. Ebenso schafft dieses Vorgehen einen guten Gesprächsanlass: Familien und Fachkräfte können sich auf diese Weise intensiv über die Entwicklung und Bildung des Kindes austauschen.

Ebene des Kindes

Mithilfe von digitaler Kommunikation sind die Familien in der Regel deutlich besser über das Geschehen in der Kita informiert und können diese Informationen nutzen, um mit ihrem

Kind ins Gespräch zu kommen. Schickt die Fachkraft zum Beispiel an die Familie ein Foto, auf dem das Kind zu sehen ist, das sich gerade alleine die Schuhe anzieht, kann die Familie an dieses Erlebnis anknüpfen. Dadurch entwickelt sich das Gespräch in der Familie weit über die Frage „Was hast du heute in der Kita gemacht?" hinaus. Das Kind erlebt, dass sich die Familie für seinen Kita-Tag interessiert, und es werden wunderbare Gesprächsanlasse geschaffen, die als gute Möglichkeit für die alltagsintegrierte sprachliche Bildung dienen. Dadurch, dass Familien besser über die Bildungs- und Entwicklungsprozesse des Kindes Bescheid wissen, fühlen sich die Kinder in ihrer Entwicklung gesehen, wahrgenommen und unterstützt. Diese Erfahrung schafft die Grundlage für weitere Bildungs- und Entwicklungsprozesse.

> Durch die Informationen, die wir erhalten, können wir sehr einfach Gespräche mit unserem Kind aufbauen. Wir fragen „Was hast du erlebt?" und können dabei auf die konkreten Informationen eingehen. Wir schauen uns zum Beispiel dann gemeinsam Fotos an. So bringen wir unser Kind ins Erzählen, und es entstehen gute Gespräche.
>
> *Katharina R., Mutter eines einjährigen und eines dreieinhalbjährigen Kindes*

Ebene der pädagogischen Fachkräfte

Digitale Kommunikation mit Familien hat auch große Auswirkungen auf die Kommunikation zwischen den Fachkräften. Informationen, die die Familien auf schnelle und einfache Art an die Kita vermitteln können, sind auf den digitalen Geräten der Einrichtung für alle Fachkräfte sichtbar. Die Fachkräfte brauchen diese Mitteilung nicht mehr innerhalb des Teams weitergeben. Digitale Kommunikation ermöglicht es auch, dass die Infos über das Kind und die Familie gebündelt werden und so alle an der Bildung und Betreuung des Kindes beteiligten Personen bestens informiert sind. Positiver Nebeneffekt: Die Infos können nicht im Alltagstrubel verlorengehen. Es wird deutlich, dass digitale Kommunikation für die pädagogischen Fachkräfte eine Zeitersparnis bedeuten kann und somit mehr Raum für die Bildung und Betreuung der Kinder bleibt.

Ebene der Einrichtungsleitung

Auch die Einrichtungsleitung kann deutlich Zeit sparen, wenn sie nicht alle Fachkräfte einzeln mit Informationen versorgen muss. Indem auch die organisatorische Abwicklung digital vereinfacht wird, steht der Einrichtungsleitung insgesamt mehr Zeit für pädagogisch-inhaltliche Themen zur Verfügung.

Ebene des Trägers

Der Träger profitiert ebenfalls von der Zeitersparnis, denn die Zeit kann dann für die Weiterentwicklung der pädagogischen Qualität der Einrichtung genutzt werden. Durch die digitale Zusammenarbeit mit Familien bilden sich digitale Strukturen in der Kita, die auch für die Kommunikation zwischen Träger und Familien sowie zwischen Träger und Mitarbeitenden genutzt werden können. Auf Trägerebene wird so sichergestellt, dass sowohl die Familien als auch die Mitarbeiter:innen gut informiert sind und wichtige Informationen nicht verlorengehen.

1.5 Grenzen und Risiken der digitalen Zusammenarbeit

Auch wenn die digitale Zusammenarbeit mit Familien viele Chancen und Möglichkeiten mit sich bringt, dürfen die Grenzen und Risiken nicht außer Acht gelassen werden. Diese Überlegungen sollen pädagogische Fachkräfte nicht davon abhalten, über digitale Wege mit den Familien zu kommunizieren. Vielmehr gilt es, sich mit den möglichen Risiken zu befassen und sie durch entsprechende Regelungen zu reduzieren.

Auch wenn wir aus Statistiken auf eine sehr gute Geräteausstattung in den Familien schließen können, dürfen die Familien nicht außer Acht gelassen werden, die digital – aus welchen Gründen auch immer – nicht versorgt sind. Es gilt daher, Wege und Ansätze mitzudenken, um auch diese Familien mit Informationen zu versorgen.

Der persönliche Austausch zwischen Fachkräften und Familien ist und bleibt in der Kita ein zentraler Bestandteil. Die digitale Kommunikation darf den direkten Kontakt und die persönlichen Gespräche nicht ersetzen. Sie kann die direkten Gespräche jedoch ergänzen oder entlasten, indem zum Beispiel organisatorische Informationen digital ausgetauscht werden. Dabei sind die pädagogischen Fachkräfte verantwortlich, die analoge Kommunikation immer wieder zu initiieren. Achten Sie etwa darauf, ob Familien vielleicht die Tür-und-Angelgespräche meiden, weil sie den Eindruck haben, digital schon über „alles" Bescheid zu wissen.

> Beim Abholen ihres Sohnes Lauren vermeidet Frau Schmidt neuerdings das Übergabegespräch. Mit dem Smartphone in der Hand und den Worten „Ich weiß ja schon über die Kita-App über alles Bescheid" ist die Mutter gleich wieder am Gehen. Die pädagogische Fachkraft hält Frau Schmidt kurz auf und erklärt ihr, wie wichtig das Übergabegespräch für die Kita ist. Denn nicht alle Informationen werden mit den Familien über die App geteilt, manche eignen sich besser für ein persönliches Gespräch. Die Fachkraft betont außerdem, wie wichtig es für das Wohl des Kindes ist, dass die Familie und die Fachkräfte auch im persönlichen Austausch sind.

Nicht alle Themen eignen sich, um auf dem digitalen Weg kommuniziert zu werden. Wobei zu unterscheiden ist, ob es sich um einen direkten digitalen Austausch in einem Videomeeting handelt oder um asynchrone digitale Kommunikationsformen. Entwicklungsgespräche oder kritische Themen sollten immer in direkten Settings besprochen werden. Wenn es sich für alle Beteiligten einrichten lässt, ist hier ein persönliches Treffen zu bevorzugen. Auch Mimik und Gestik können so direkt wahrgenommen und bei Bedarf gespiegelt werden.

> Durch den Informationsfluss in der App ist immer Transparenz gegeben. Wenn jedoch etwas Persönliches mit dem Kind ist, werden wir von den Erzieherinnen im persönlichen Gespräch darüber informiert. Diese Dinge laufen nicht digital, und das finde ich wichtig.
>
> *Elisabeth L., Mutter eines dreijährigen Kindes*

Ein Risiko birgt es auch, wenn es keine transparenten Regelungen gibt, welche Inhalte auf welchem Weg kommuniziert werden. Dies kann zu Missverständnissen und Unmut sowohl bei den Familien als auch den pädagogischen Fachkräften führen. Leitlinien für pädagogische Fachkräfte und die Familien können dem entgegenwirken (siehe Kapitel 3.4).

> Hannah hat seit einigen Tagen Schnupfen: Da sie aber ansonsten gesund ist, darf sie trotzdem in die Krippe gehen. Im Laufe des Tages wird der Schnupfen immer stärker. Aus diesem Grund nimmt die pädagogische Fachkraft ein Foto von Hannahs Schnupfennase auf und sendet es mit folgenden Worten an ihre Familie: „Hannahs Nase läuft so stark, dass wir ihr alle fünf Minuten die Nase putzen müssen." Frau Witte, Hannas Mutter, empfängt die Nachricht und ist verunsichert. Sie weiß nicht, ob die Nachricht bedeutet, dass Hannah abgeholt werden soll, oder was ihr die Fachkraft damit sonst sagen will. Auch ist sie verärgert darüber, dass ihr Kind so bloßgestellt wird, und empfindet das Verhalten der Fachkraft als übergriffig.

Dieses Beispiel zeigt deutlich, dass der falsche Einsatz digitaler Kommunikation einschneidende Folgen für die vertrauensvolle Zusammenarbeit zwischen Familien und Fachkräften haben kann. Aus diesem Grund ist es sehr wichtig, sorgsam zu prüfen, welche Inhalte auf welchem Weg vermittelt werden. Ein sensibles Thema wie "Kranke Kinder" sollte unbedingt telefonisch oder im persönlichen Gespräch behandelt werden. Denn so lässt sich auch vermeiden, dass Nachrichten oder Informationen missverstanden werden.

Durch digitale Kommunikation ist man sehr schnell auch beeinflussbar. Je nachdem, welche Informationen einem geschickt werden, kann das Unsicherheiten auslösen. Zudem haben wir in bestimmten Phasen erlebt, dass wir mal mehr, mal weniger Informationen bekommen. Da wir aber nicht wussten, warum das so ist, hat das den Austausch insgesamt erschwert. Uns war nicht mehr klar, welche Informationen wir auf welchen Weg erhalten.

Katharina R., Mutter eines einjährigen und eines dreieinhalbjährigen Kindes

Auch besteht eine Gefahr darin, dass die Weitergabe von zu vielen Informationen an die Familien die Privatsphäre der Kinder in der Kita einschränkt. Es darf nicht passieren, dass die digitale Kommunikation über die Köpfe der Kinder hinweg geschieht. Überlegungen zur Partizipation der Kinder bei der digitalen Kommunikation mit den Familien helfen, dieses Risiko zu reduzieren (siehe Kapitel 3.2).

Ja nach Form der digitalen Zusammenarbeit kann es durch den Einsatz digitaler Geräte (z.B. Tablets) zu einer Ablenkung von der Aufsichtspflicht kommen. Es kann vorkommen, dass sehr viel Zeit mit der Erstellung von Informationen und Material für die Familien verbracht wird oder weitere Funktionen des Gerätes die Aufmerksamkeit der Fachkräfte auf sich ziehen. Dieser Aspekt sollte unbedingt in die Reflexionsphasen einbezogen werden (siehe Kapitel 3.6).

Herausfordernd kann es auch sein, wenn nur einzelne Teammitglieder die digitalen Möglichkeiten zur Zusammenarbeit nutzen. Dies kann zum Beispiel dann passieren, wenn der Einführungsprozess nicht gut begleitet wurde oder zu schnell viele Funktionen eingeführt wurden. Auch Probleme mit der Technik können eine Grenze bei der digitalen Zusammenarbeit darstellen. Technischen Schwierigkeiten – sei es bei der Bedienung der Geräte oder innerhalb der Anwendungen – führen dazu, dass der digitale Kommunikationsweg aufwändiger als der bisherige ist. Dies schafft Frust und kann verunsichern.

2.

Formen der digitalen Zusammenarbeit mit den Familien

In diesem Kapitel erfahren Sie

- wie Sie digitale Medien als Ergänzung für die Zusammenarbeit mit Familien auswählen können
- welche Formen der digitalen Zusammenarbeit es gibt
- wie sie diese Methoden zielgerichtet nach Adressat:innen sowie Inhalt einsetzen

So vielfältig die Familien, deren Lebensmodelle und Bedürfnisse sind, so vielfältig gestaltet sich auch die Zusammenarbeit mit den Familien. Das geht von der gegenseitigen Information, über den Austausch zu Entwicklungsthemen sowie Erziehungsfragen bis hin zur Mitbestimmung und Mitwirkung der Familien in der Kita. Da „die" Eltern bzw. Familien keine homogene Gruppe darstellen, gilt es auch, die einzelnen Formen der Zusammenarbeit zu differenzieren. Dies bezieht sich auf die Intensität des Austausches, die Inhalte der Gespräche oder auch Kommunikationsanlässe sowie -kanäle. Dabei gilt es für jede Einrichtung, individuell abzuwägen, welche Form und welche Ansätze zu welchem Zeitpunkt zielführend sind. Dies impliziert auch, abzuwägen, wann analoge und wann digitale Formen geeigneter sind (vgl. Tietze & Viernickel 2016, S. 232).

Um für den Kita-Alltag eine Orientierung bei der Gestaltung der Zusammenarbeit mit den Familien zu haben, bieten die **Mindest-Standards der Zusammenarbeit** nach Fröhlich-Gildhoff (2013) eine gute Grundlage:

1. „Schriftlich fixiertes Eingewöhnungskonzept, das regelmäßig evaluiert und reflektiert wird.
2. Systematische Information der Eltern über die Abläufe in der Kita auf verschiedenen Wegen (Gespräche, schriftliche Informationen, in mehreren Sprachen, möglichst Hausbesuche etc.) – unter Berücksichtigung des kulturellen Hintergrundes der Familien. Auch informelle Informationswege, z.B. Gespräche in Elterncafés, sind hier einzubeziehen.
3. Regelmäßige Bedarfsanalysen, um Wünsche und Bedürfnisse der Eltern bzw. der verschiedenen Subgruppen zu erfassen und darauf aufbauend zielgruppenspezifisch Angebote planen zu können.
4. Qualifizierte Tür-und-Angelgespräche: Diese sind der Kern des Kontakts zwischen Fachkraft und Eltern. Hierfür müssen die Fachkräfte qualifiziert sein, und ein dafür ausgewiesener Zeitrahmen muss nicht nur zur Verfügung stehen, sondern als bewusstes Element in Arbeitszeitberechnungen einbezogen werden.

5. Mindestens halbjährlich stattfindende Entwicklungsgespräche mit den Eltern und ggf. weiteren Bezugspersonen auf der Basis systematischer Beobachtung und Dokumentation.
6. Regelmäßige Formen der Elternbildung z.B. durch Informationsnachmittage / -abende zu zielgruppenspezifischen oder allgemeinen Themen; das Angebot von Elternkursen – für alle Eltern – zur Stärkung der Erziehungskompetenz ist dabei eine sinnvolle Zusatzmaßnahme.
7. Regelmäßige Eltern-Kind-Aktivitäten zur Verbesserung des Kontakts und zum gemeinsamen Erleben von Interaktionen im Beziehungsdreieck.
8. Gezielte Übergangskonzepte und systematische Übergangsberatung der Eltern (in den Übergängen Krippe – Kita; Kita – Grundschule).
9. Pläne für ein ´Krisenmanagement´ bei besonderen Problemen (z.B. Verdacht auf Kindeswohlgefährdung), damit die zuständige Fachkraft schnell Unterstützung erhält und sich nicht alleingelassen fühlt.
10. Tragfähige, fallunabhängige Kooperationen zu Einrichtungen der Jugendhilfe (z.B. Erziehungsberatungsstellen), auf die im Bedarfsfall schnell zurückgegriffen werden kann und an die Familien ggf. unkompliziert weitervermittelt werden können" (Fröhlich-Gildhoff 2013, S. 20f.).

Diese Mindest-Standards beziehen sich sowohl auf organisatorische als auch pädagogisch-inhaltliche Themen. Hinzu kommt der Aspekt des Beziehungsaufbaus und der Beziehungspflege. Wenn es nun darum geht, die Zusammenarbeit mit Familien durch digitale Werkzeuge zu ergänzen, ist es sinnvoll zu betrachten, inwiefern diese die Erfüllung der Mindest-Standards unterstützen oder gegebenenfalls auch darüber hinausgehen.

Hilfreich sind dabei folgende **Reflexionsfragen:**

1. Gibt es digitale Methoden, um das Eigewöhnungskonzept transparenter zu gestalten und regelmäßig zu evaluieren?
2. Welche digitalen Kanäle und Werkzeuge unterstützen uns, die Abläufe in der Kita nachvollziehbar zu übermitteln? Gibt es digitale Ansätze, die es uns ermöglichen, Barrieren abzubauen?
3. Welcher digitale Ansatz ermöglicht es uns, die Bedarfe der Familien (noch) besser zu erfassen?
4. Wie können digitale Medien die Qualität der Tür-und-Angelgespräche verbessern?
5. Welche digitalen Wege können beschritten werden, um Entwicklungsgespräche vorzubereiten und die Entwicklung des Kindes für die Familien nachvollziehbar darzustellen?
6. Wie können digitale Medien unterstützen, möglichst alle Bezugspersonen des Kindes im Rahmen der Elternbildung zu erreichen?
7. Gibt es digitale Ansätze, die Eltern-Kind-Aktivitäten bereichern und Erlebnisse im Beziehungsdreieck ermöglichen?

8. Mit welchen digitalen Medien können Übergänge für die Familien unterstützt oder vereinfacht werden?
9. Wie können digitale Werkzeuge dabei unterstützen, in Krisenfällen Struktur und Sicherheit zu geben?
10. Inwiefern können digitale Medien helfen, damit im Bedarfsfall schnell Kontakte für weitere Unterstützung an die Familien vermittelt werden können?

Die Mindeststandards unterstützen Sie ebenfalls dabei, herauszufinden, an welchen Stellen der Einsatz von digitalen Medien eher hinderlich ist und besser das persönliche Gespräch gewählt werden sollte.

2.1 Überblick über die verschiedenen Einsatzmöglichkeiten

Die Bandbreite der digitalen Medien und insbesondere der darauf verfügbaren Anwendungen ist groß, und auch die Einsatzmöglichkeiten sind vielfältig. So kann eine digitale Zusammenarbeit mit einzelnen Familien, aber auch mit den Familien als Gruppe gestaltet werden. Dabei können digitale Medien für organisatorische Belange, als Mittel zum Austausch sowie zur Unterstützung der gemeinsamen Begleitung der kindlichen Entwicklung eingesetzt werden. Je nachdem, welche Zielsetzung Sie verfolgen und wen Sie damit erreichen möchten, kann ein und derselbe Kanal unterschiedlich bedient werden.

Die folgende **Legende** hilft Ihnen, die unterschiedlichen Einsatzmöglichkeiten zuzuordnen:

	Austausch mit einer Familie		Kita-Organisation
	Austausch mit mehreren oder allen Familien als Gruppe		Austausch & Beziehungspflege
			Pädagogische Themen, Bildungs- und Entwicklungsprozesse

Kinder- und Vertragsdaten erfassen	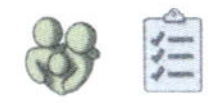	S. 30
Abwesenheiten verwalten	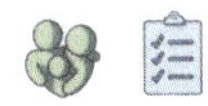	S. 32
Dokumente teilen		S. 34
Terminplanung		S. 35
Newsletter		S. 36
Kita-Zeitung		S. 38
Kita-Buch	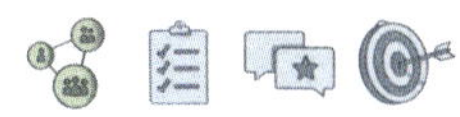	S. 40
Umfragen		S. 42
Kurznachrichten		S. 44
Videomeetings		S. 46
Austauschforen		S. 50
Digitale Pinnwand		S. 51
Digitaler Bilderrahmen		S. 52
Digitale sprechende Wände		S. 54
Blogs & Podcasts		S. 56
Den Tag des Kindes teilen		S. 58
Entwicklungsdokumentation		S. 60

2.2 Kinder- und Vertragsdaten erfassen

Digitaler Überblick über die Daten der Familien

Eine Form der digitalen Zusammenarbeit stellt der Überblick über die Daten der Familie dar. Mittels eines Smartphones oder eines Tablets können die pädagogischen Fachkräfte in der Kita jederzeit alle Informationen über das Kind und die Familie abrufen. Eine Möglichkeit besteht darin, einfache Word- oder Exceldateien anzulegen und aufzurufen. Daneben gibt es Kita-Apps, die auf die Verwaltung von Daten der Familien spezialisiert sind. Diese haben den Vorteil, dass es nicht mehrfach abgelegte und gespeicherte Dateien mit unterschiedlicher Aktualität gibt, sondern nur auf den aktuell gültigen Stand der Daten zugegriffen wird. Für die E-Mail-Kommunikation mit Familien können aus vielen Verwaltungsanwendungen auch direkt E-Mail-Verteiler generiert werden. Das mühsame Abgleichen von E-Mail-Verteilern mit Elternlisten entfällt dadurch.

> Es vereinfacht die Abläufe, alles geht ein wenig rascher. Wir haben weniger Papierkram und schonen damit die Umwelt. Alle Unterlagen sind (bestenfalls) an einem Ort.
>
> *Jessica W., Kita-Fachkraft*

Mit beiden Varianten werden Listen in Papierform deutlich reduziert. Aus den Erfahrungen der Praxis zeigt sich, dass Listen in Papierform selten dort zu finden sind, wo sie gerade gebraucht werden. Verletzt sich zum Beispiel ein Kind, weshalb die Familie schnell informiert werden muss, ist es wichtig, die Notfallnummer(n) der Familie gleich parat zu haben und nicht erst die entsprechende Liste suchen zu müssen. Je nach gewähltem Ansatz besteht auch die Möglichkeit, dass Familien ihre Daten selbstständig aktualisieren können. Dies stellt sicher, dass alle Daten, wie etwa Telefonnummern oder E-Mail-Adressen, aktuell sind. Die Form des digitalen Überblicks über die Daten der Familie lässt sich auf viele verschiedene Bereiche übertragen:

- Geburtstagsübersicht (ggf. mit Erinnerungsfunktion)
- Übersicht über Adressen
- Liste mit Telefonnummern
- Übersicht über die abholberechtigten Personen
- Übersicht über Allergien und Unverträglichkeiten des Kindes
- Übersicht über die Betreuungszeiten des Kindes
- etc.

Ein digitaler Überblick über die Daten der Familie ist im pädagogischen Alltag eine große Erleichterung und bedeutet Zeitersparnis. Dieses Vorgehen stellt auch sicher, dass alle für die jeweilige Situation relevanten Informationen jederzeit verfügbar sind.

Vertretungsweise hilft die Fachkraft, Herr John, in der Kinderkrippe aus. Deshalb weiß er nicht, wann die jeweiligen Kinder abgeholt werden. Der Erzieher beobachtet, dass Evan recht schlapp wirkt und es ihm nicht so gutgeht. Im Tablet sieht er nach, wie lange die Buchungszeit von Evan ist und wann er üblicherweise abgeholt wird. Als er feststellt, dass bis zur Abholung doch noch einige Zeit vergehen muss, nutzt Herr John die im Tablet hinterlegten Telefonnummern, um die Familie anzurufen und sie über den Zustand von Evan zu informieren.

Digitale Anmeldung für die Kindertagesstätte

In vielen Kommunen und Kitas existieren bereits digitale Portale, über die sich Familien für einen Platz in der Kindertagesstätte anmelden können. Die Familien erhalten so schnell und einfach Informationen über die Kitas in ihrer Nähe. Nach Angabe aller relevanten Daten können sie sich um einen Kita-Platz bewerben. Wird anschließend die Familie in der Kita aufgenommen, können die Anmeldedaten (Adresse, Geburtstag, Daten der Personensorgeberechtigten etc.) in das Verwaltungsprogramm übertragen werden. Dies erspart der Einrichtungsleitung und den Familien Zeit. Die Einrichtungsleitung muss die Daten nicht mehr händisch in das Verwaltungsprogramm eingeben, und die Familien müssen nicht alle Daten erneut an die Kita übertragen.

Weiter bietet die digitale Anmeldung von Familien in der Kita die automatische Erstellung einer Warteliste. Diese kann nach Bedarf oder auch automatisch priorisiert werden. So stellt sich der Einrichtungsleitung übersichtlich dar, welche Familie als nächstes aufgenommen werden soll und kann ihr eine Zusage schicken, sobald ein Platz frei wird.

Familie Ergün möchte sich für die Kita in der Nähe ihres Wohnortes anmelden. Doch auch die Kita, die etwas weiter entfernt ist, kommt für die Bildung und Betreuung ihrer Tochter Miray infrage. Über das Kita-Portal ihrer Kommune informiert sich die Familie über Öffnungszeiten, die Räumlichkeiten, die Konzepte, das Personal etc. So erhalten die Familienmitglieder Einblick in die wichtigsten Daten der Einrichtung und können sich die einzelnen Aspekte im Anschluss bei einer Besichtigung vor Ort genauer ansehen.
Anschließend trägt die Familie Ergün ihre Prioritäten in das Portal ein, und die Einrichtung erkennt, welche Wunsch-Kita die Familie hat. Anhand dieser Kriterien kann die Kita einen freien Platz an Familie Ergün vergeben. Die Familie hat nun zwei Wochen Zeit, der Kita zurückzumelden, ob sie den Platz für Miray annehmen will. Die Rückmeldung (Zu- oder Absage) wird wiederum in das Portal eingetragen.
Familie Ergün freut sich sehr über die Zusage und nimmt den Platz an. Die Anmeldedaten der Familie werden nun in das interne Verwaltungsprogramm übertragen und in einen Betreuungsvertrag eingefügt, den Familie Ergün anschließend unterschreibt.

2.3 Abwesenheiten verwalten

Ebenfalls auf digitalem Wege, zum Beispiel mithilfe von Kita-Apps oder per E-Mail, können die An- und Abwesenheiten des Kindes erfasst und der Kita übermittelt werden. Dadurch wird auch vermieden, dass die Fachkräfte den Morgen am Telefon verbringen müssen, um Abwesenheitsentschuldigungen entgegenzunehmen und zu dokumentieren. Die Interaktionsprozesse zwischen den Kindern und Fachkräften werden so deutlich weniger gestört. Bei Krankmeldungen kann auch die jeweilige Erkrankung des Kindes notiert werden, wodurch ersichtlich wird, ob es bestimmte Häufungen von Krankheiten gibt und entsprechende Maßnahmen eingeleitet werden müssen.

Auf diesem Weg können nicht nur kurzfristige Abwesenheiten, sondern auch geplante Abwesenheitstage, wie zum Beispiel Urlaube, Arzttermine oder ähnliches, vorab erfasst werden. Die Fachkräfte haben so einen guten Überblick, wann welche Kinder in der Einrichtung sind, und die Einrichtungsleitung kann den Dienstplan entsprechend anpassen. Außerdem werden dadurch die Tür-und-Angelgespräche entlastet, in denen solche Termine oftmals mitgeteilt werden, die dann später von den Fachkräften notiert werden müssen.

> Der Vater von Finn stellt am Morgen fest, dass sein Sohn stark gerötete Augen hat. Er vermutet, dass Finn einer Bindehautentzündung hat, schreibt eine kurze Nachricht an das Kindergartenteam und klärt den Verdacht bei der Kinderärztin ab. Der Verdacht auf eine Infektion bestätigt sich. Der Vater entschuldigt Finn nun in der Kita-App für die nächsten beiden Tage. Die Fachkraft, die an diesem Tag den Frühdienst übernommen hat, ist sofort über den Verdacht und die bestätigte Diagnose informiert. Die Übersicht im Tablet zeigt, dass mehrere Kinder an einer Bindehautentzündung erkrankt sind. Die Fachkraft leitet verstärke Hygienemaßnahmen ein und informiert die Familien. Dadurch können auch die anderen Familien auf Symptome dieser Erkrankung achten.

Auch für die Familien ist eine digitale Verwaltung von Abwesenheiten entlastend. Die Erkrankung eines Kindes bedeutet für die meisten Familien kurzfristiges und schnelles Handeln auf mehreren Ebenen: Die Betreuung für das erkrankte Kind muss sichergestellt werden, gegebenenfalls werden Betreuungspersonen organisiert oder der Arbeitgeber muss entsprechend informiert werden. Der Tagesablauf verzögert sich, der Bringdienst für weitere Kinder wird umorganisiert etc. Hier ist es hilfreich, wenn die Familien nicht zusätzlich ein Zeitfenster abpassen müssen, in dem sie in der Kita jemanden erreichen können, um das Kind telefonisch krank zu melden.

2.4 Dokumente teilen

Mittels digitaler Medien können verschiedene Dokumente an die Familien übermittelt werden. So können Familien zum Beispiel jederzeit den Speiseplan einsehen oder Informationen über die Tagesplanung erhalten. Das hilft den Familien wiederum, diese Informationen in ihrer eigenen Tagesplanung zu berücksichtigen. Sie müssen zum Beispiel nicht täglich den ausgehängten Speiseplan in der Kita prüfen, um sicherzustellen, dass das Kind nicht zweimal am Tag dieselbe Mahlzeit bekommt.

> Ida wird diese Woche von ihren Großeltern betreut, da ihre Eltern auf Dienstreise sind. Dies ist regelmäßig der Fall, weshalb die Großeltern Zugang zu den digitalen Dokumenten der Kita haben. Anfang der Woche möchte der Großvater für die gesamte Woche einkaufen gehen. Er informiert sich deshalb über den Speiseplan in der Kita. Idas Großeltern planen dann das Abendessen so, dass es nicht zu Überschneidungen kommt und Ida die Woche über abwechslungsreiche Mahlzeiten bekommt.

Wenn eine Übersicht anstehender Termine, Schließtage sowie Einladungen zu Festen und Veranstaltungen übermittelt wird, dann ermöglicht dies den Familien, langfristig zu planen. Durch das digitale Teilen von Dokumenten stehen die Informationen den Familien jederzeit zur Verfügung. Die Familien können die Termine intern besprechen und vorausplanen, wann bei Schließtagen zum Beispiel die Großeltern bei der Betreuung unterstützen können.

Eine Möglichkeit, um Dokumente digital zu versenden, ist der Weg via E-Mail. Am besten legen Sie einen Verteiler für die Familien in Ihrer Kita an. Es kann sich ebenfalls anbieten, verschiedene Verteiler für verschiedene Zielgruppen zu erstellen: für Familien mit Kindern im Jahr vor dem Schuleintritt, für den Elternbeirat, für Familien, die neu in der Kita sind, etc.

Beim Versand von E-Mails an Verteiler muss unbedingt auf den Datenschutz geachtet werden. Die E-Mail-Adressen der Familien sind vertraulich zu behandeln und dürfen daher nicht für die anderen Familien einsehbar sein. Versenden Sie deshalb die E-Mails immer in Blindkopie (BCC – blind carbon copy). Dies bedingt, dass alle geplanten Empfänger eine Kopie der E-Mail erhalten, aber die Adressen der anderen Empfänger, die in Blindkopie stehen, nicht einsehen können. So wird die Privatsphäre der Familien geschützt.

Zudem gilt es zu bedenken, dass nicht alle Familien ihre E-Mail-Adresse zur Verfügung stellen möchten oder einen Internetzugang besitzen. In diesem Fall können E-Mail-Verteiler nur für einen Teil der Familien genutzt werden. Es ist wichtig, dass Sie dies berücksichtigen, um gegebenenfalls alternative Möglichkeiten der Übermittlung anzubieten, wie einen Aushang oder den klassischen Elternbrief.

Digitale Dokumente können Sie auch über ein gemeinsames Laufwerk teilen. So können Sie, wenn Sie etwa mit Microsoft Office arbeiten, einen Ordner anlegen, in dem Sie stets die aktuellen Dokumente hochladen. Diesen Ordner geben Sie dann an die Familien frei. Wenn Sie mit geteilten Laufwerken bzw. Freigaben auf Ordnern arbeiten, ist es wichtig, dass Sie sich eine gute Struktur überlegen. Denn nur so wird es den Familien möglich sein, zu wissen, welche Dokumente relevant sind und für sie aktuelle Informationen enthalten.

Erstellen Sie thematische Unterordner, wie „Jahresplanung" oder „Konzept", damit sich die Familien schneller zurechtfinden. Die Dokumente, die Sie dort ablegen, sollten Sie stets klar und deutlich benennen. Es hat sich als hilfreich erwiesen bei der Benennung vorneweg das aktuelle Datum zu schreiben, zum Beispiel „2022–09–16_Terminplanung". So können die Familien einerseits nachvollziehen, wie aktuell das Dokument ist, andererseits hat dies den Vorteil, dass Ihre Dokumente automatisch chronologisch sortiert erscheinen.

2.5 Terminplanung

Neben der Möglichkeit, eine Jahresplanung oder einen Terminkalender als Dokument zu teilen, können Sie zu diesem Zweck auch weitere digitale Werkzeuge nutzen. Für eine gemeinsame digitale Terminplanung eignen sich digitale Terminkalender. Die meisten besitzen heutzutage ein Smartphone, und viele nutzen dort die integrierten digitalen Kalender. Ebenso sind viele E-Mailprogramme mit Kalendern verknüpft. So können Sie Termineinladungen via E-Mail an die Familien verschicken, die diesen Termin dann direkt im eigenen Kalender abspeichern können. Zudem haben die Empfänger:innen meist auch digital die Möglichkeit, einem Termin zu- oder abzusagen. So erhalten Sie direkt eine entsprechende Übersicht. Dies kann die Planung einer Veranstaltung, wie etwa einen Familienabend, erheblich erleichtern. Desweiteren werden die Tür-und-Angelgespräche entlastet, da Zu- oder Absagen nicht nachgefasst werden müssen.

Neben dem Versenden von Terminen können Sie auch einen gemeinsamen, geteilten Terminkalender anlegen. Dafür erstellen Sie einen Terminkalender, auf den alle Familien zugreifen können. Es gibt dazu eigene Programme, die Ihnen ermöglichen, einen Kalender mit vielen Personen zu teilen. Eine Möglichkeit stellt der kalender.digital (https://kalender.digital/) dar. Auf diese Weise können die Familien jederzeit alle Termine der Kita einsehen und wissen genau, wann die Einrichtung geschlossen ist, wann Feste und Veranstaltungen geplant sind und wann welche Ausflüge, Angebote und Projekte durchgeführt werden. Dadurch können die Familien ihren Alltag anhand der Termine der Kita planen und ihre Kinder auf die Geschehnisse (z.B. einen bevorstehenden Ausflug) vorbereiten.

Jan-Lucas Familie plant private und berufliche Termine immer einige Zeit im Voraus, da beide Elternteile berufstätig sind und sie die Vereinbarkeit von Familie und Beruf achtsam organisieren müssen. Bei der Terminplanung berücksichtigen sie stets die Termine der Kita, damit sie dort regelmäßig an den Veranstaltungen teilnehmen können. Dadurch hat die Familie immer einen guten Überblick über all ihre Termine.

Digitale Abfragen erleichtern zudem eine gemeinsame Terminplanung. Die Kita kann abfragen, welche Familie zu der jeweiligen Veranstaltung kommt, und kann anhand der Teilnehmer:innenzahl entsprechende Vorbereitungen treffen. Zeigt sich, dass der Termin für einen Großteil der Familien nicht realisierbar ist, könnte so auch zeitnah nach einem alternativen Termin gesucht werden. Zur gemeinsamen Terminfindung bieten sich Online-Abfragen, zum Beispiel die datenschutzkonformen Abfragen wie Nuudle oder Dudle, an. Hier können Sie verschiedene Termine zur Auswahl stellen und sehen auf einem Blick, zu welchem Termin die meisten Familien teilnehmen können.

Digitale Abfragen bieten einen deutlichen Vorteil zu Abfragen in Papierform, denn sie sind schneller, einfacher und leichter verfügbar. Die Familien können sich die Zeit für die Rückmeldungen selbst einteilen und sind nicht an die Öffnungszeiten der Kita (z.B. bei Aushängen in Papierform) gebunden.

Frau Stein, die Mutter von Elvira, ist häufig im Ausland unterwegs und kann daher nicht immer in der Kita anwesend sein. Deshalb ist es ihr oftmals nicht möglich, sich für die Teilnahme an Veranstaltungen in Listen einzutragen. Durch digitale Abfragen kann sie jederzeit rückmelden, ob ihr der jeweilige Termin passt oder nicht.

2.6 Newsletter

Ein Newsletter bündelt Informationen, die viele Familien gleichermaßen erreichen sollen. Newsletter können zum einen für kurzfristige Informationen genutzt werden, zum Beispiel, dass für den morgigen Ausflug Regenkleidung benötigt wird. Zum anderen können ausführliche Newsletter erstellt werden, die einen Rückblick auf die vergangenen Wochen oder einen Ausblick auf die kommenden Wochen geben. Newsletter greifen sowohl organisatorische als auch pädagogisch-inhaltliche Themen auf. Einblicke in aktuell laufende Projekte sind ebenso denkbar wie das Aufgreifen von allgemeinen Themen oder Fragen, die sich bei den Familien häufen. So kann dem Aspekt der Elternbildung niederschwellig Rechnung getragen werden.

> Es war ein Riesenmehrwert für uns, dass ab sofort nichts mehr in Papierform vorhanden war. Papier geht oft verloren. Digital ist es jederzeit abrufbar, und man hat jederzeit Zugriff auf die Informationen. Durch die Tatsache, dass die Informationen auch im Voraus abrufbar sind, kann ich mein Kind zum Beispiel zuvor auf eventuelle Aktivitäten im Kindergarten hinweisen oder mit ihm Sachen im Nachgang besprechen.
>
> *Benjamin L., Vater eines zweieinhalbjährigen Kindes*

Newsletter, die per E-Mail oder über eine Kita-App verschickt werden, haben den Vorteil, dass die Informationen von den Familien wesentlich besser aufgenommen werden können. Denn in der Regel erhalten die meisten Familien diese Newsletter über ihr Smartphone, das sie vorwiegend in der Nähe haben. Dies ermöglicht, dass Nachrichten viel schneller aufgenommen werden als zum Beispiel über einen Aushang in der Kindertagesstätte oder ein Dokument im Fach der Garderobe des Kindes. Die Informationen gehen seltener verloren und können dann durchgelesen werden, wenn ausreichend Ruhe vorhanden ist. Darüber hinaus können alle an der Erziehung und Betreuung beteiligten Familienmitglieder über den digitalen Newsletter gleichermaßen Zugang zu den Informationen erhalten, was in der gedruckten Form oft schwierig ist.

> Wenn Herr Vihay seine Tochter Midhula in der Kita abholt, fällt es ihm schwer, sich mittels der vielen Aushänge und Listen einen Überblick über das Geschehen in der Kita zu verschaffen. Außerdem freut sich Midhula immer sehr, wenn sie abgeholt wird, und möchte ihrem Vater alles vom Tag erzählen. Herr Vihay findet dadurch kaum die Ruhe und die Zeit, sich über alles Wichtige zu informieren. Midhula möchte dann auch gleich mit ihrem Vater auf den Spielplatz gehen und zieht ungeduldig an seinem Arm. Herr Vihay ist deshalb sehr glücklich darüber, dass er sich abends, wenn Midhula ins Bett gebracht wurde, mittels der digitalen Newsletter über die Geschehnisse in der Kita informieren kann.

Das digitale Format bringt zudem den Vorteil mit sich, dass Texte einfach in Übersetzungsprogramme hineinkopiert werden können. So können Familien selbstständig Texte übersetzen, um die Inhalte besser zu verstehen. Einige Kita-Apps haben auch eine eingebaute Übersetzungsfunktion. Damit können die Familien sich die Inhalte sofort in der gewünschten Sprache anzeigen lassen.

Werden Newsletter zur Informationsweitergabe in der Kita eingesetzt, ist es wichtig, dass Sie bewusst mit sensiblen Themen umgehen. Wenn Sie den Familien via E-Mail oder Kita-App Informationen zur Verfügung stellen, heißt dies auch, dass die Familien jederzeit mit den Themen der Kita konfrontiert werden. Dies kann sie von ihren momentanen Tätigkeiten ablenken (z.B. der beruflichen Tätigkeit) und in die missliche Lage bringen, dass Familien ihre Rückfragen an die Kita bis zur Abholsituation aufschieben müssen. Themen, die bei den Familien Emotionen auslösen, können dann unter Umständen zu Schwierigkeiten führen, zum Beispiel, wenn die Kita aufgrund von Krankmeldungen des Personals für den nächsten Tag die Öffnungszeiten verkürzen muss. In solchen Fällen ist es wichtig, vorab zu klären, wie damit umgegangen wird. Zunächst gilt es zu überlegen, wann geeignete Zeitpunkte zum Versenden von Newslettern an die Familien sind. Außerdem sollten Sie klären, ob die Familien jederzeit die Möglichkeit haben, telefonisch Kontakt mit der Kita aufzunehmen, um ihre Fragen zu klären, oder ob sie ihre Anliegen erst in der Abholsituation mit den Fachkräften thematisieren können.

Wenn Sie umfassendere Informationen via Newsletter an die Familien verschicken, ist es wichtig, diesen Newsletter strukturiert aufzubauen. So stellen Sie sicher, dass die Familien den Überblick behalten und die Informationen aufgenommen werden können.

Leitfaden für die Newsletter-Erstellung

Formulieren Sie einen eindeutigen Betreff: Ist es ein regelmäßiger, immer ähnlich aufgebauter Newsletter, könnte der Betreff dann zum Beispiel lauten: „Newsletter Januar". Wenn es um wichtige, aktuelle Informationen geht, dann sollten diese in den Betreff aufgenommen werden. Ein Beispiel: „Achtung! Verkürzte Öffnungszeiten".

Wählen Sie die Platzierung der Informationen bewusst: Bauen Sie den Newsletter von der wichtigsten zur unwichtigsten Information auf. Untersuchungen zum Leseverhalten zeigen, dass die ersten Informationen mit der größten Aufmerksamkeit gelesen werden.

Die Informationen sollten so ausführlich wie nötig und so kurz wie möglich formuliert werden: Achten Sie darauf, dass Sie in Ihren Ausführungen nicht abschweifen und der Newsletter zu lang wird. Bei kurzen Texten ist die Wahrscheinlichkeit, dass die Familien alle Inhalte aufnehmen, höher. Zudem unterstützen kurze und klare Ausführungen auch Familien mit geringerer Lesekompetenz dabei, die wichtigsten Informationen aufzunehmen.

Gliedern Sie den Newsletter optisch: Nutzen Sie die Möglichkeiten, die Ihnen Ihr E-Mail-Programm oder die Kita-App bietet. Arbeiten Sie mit Zwischenüberschriften, Schriftgrößen und Formatierung (fett, kursiv, unterstrichen). Achten Sie dabei darauf, wiederkehrende Elemente zu nutzen und nicht zu viele stilistische Elemente einzusetzen, da dies zu unruhig wirkt und vom Inhalt ablenkt.

Bilden Sie Kategorien: Gerade, wenn Sie einen wiederkehrenden Newsletter versenden möchten, ist es ratsam, ihn in Kategorien aufzugliedern. So kann zu Beginn ein Rückblick auf den vergangenen Monat stehen, anschließend ein Ausblick auf anstehende Termine und zuletzt wird eine pädagogische Frage beantwortet.

2.7 Kita-Zeitung

Eine umfangreichere Form des Newsletters ist die Kita-Zeitung. In der einen oder anderen Kita gibt es dieses Informationsblatt womöglich bereits in gedruckter Form – wobei hier sicherlich für den Erstellungsprozess digitale Medien genutzt werden. Beim Aufbau der Kita-Zeitung stehen Ihnen sämtliche Möglichkeiten offen. Für die ersten Schritte ist es hilfreich, sich an bekannten (Tages-)Zeitungen oder Zeitschriften zu orientieren – je nachdem, wie Sie das Verhältnis von Text, Bildern und grafischen Elementen gestalten möchten. Beziehen Sie bei diesen Überlegungen auch die Kinder mit ein.

Hilfreich sind hier folgende Fragen: Was wollen wir berichten? Wie können wir das gut darstellen? Was wird dazu benötigt (Fotos, Bilder, Texte)? Wer kann welche Aufgabe übernehmen (Fotos und Bilder/Grafiken anfertigen, Texte formulieren, Layout gestalten)?

> Wenn Sie mit zahlreichen grafischen Elementen sowie Fotos arbeiten, bauen Sie Barrieren ab. Sowohl die Kinder als auch Familienmitglieder mit geringer Lesekompetenz können auf diese Weise die Inhalte der Zeitung erfassen und darüber ins Gespräch kommen.

Inhaltsverzeichnis

Vorwort	1
Inhalt	2
1 Informationen aus dem Leitungsbüro	3
2 Neues aus dem Team	
Neue Kolleg:innen und Praktikant:innen	4
Abschiede	6
3 Informationen aus dem Elternbeirat	8
4 Aus den Gruppen	
Blaue Gruppe	10
Grüne Gruppe	12
Gelbe Gruppe	14
5 Aus den Funktionsbereichen	
Baubereich	16
Atelier	17
Essbereich	18
Rollenspielraum	19
Schlafraum	20
Gemeinsame Erlebnisse	
Besuch vom Dt. Roten Kreuz - Unsere Kinderersthelfer	21
Ausflug zum Bauernhof	23
Konzeptionelles	
Digitale Medien im Kita-Alltag	25

Quelle: eigene Darstellung

Zum Erstellen einer Kita-Zeitung können Sie die Textverarbeitungsprogramme Word oder PowerPoint nutzen und anschließend in eine PDF-Datei exportieren. Wählen Sie Programme, die auch mit dem Tablet bedient werden können; dies hat den Vorteil, dass die Kinder wesentlich besser am Erstellungsprozess teilhaben können. Neben Textverarbeitungsprogrammen, zum Beispiel Pages, bieten sich Apps wie BookCreator oder BookTraps an. Diese Apps haben neben der einfachen Bedienung den Vorteil, dass die Inhalte um Videos und Sprachaufnahmen ergänzt werden können. Damit haben die Kinder vielfältige Möglichkeiten, ihre eigene Perspektive einzubringen. Die Kinder können ergänzend zu einem Text ihre Sichtweise einsprechen oder ganze Videoreportagen einbinden.

Karl, Enya und Jemimah sind ganz begeistert von ihrem Projekt zum Thema Elefanten. Sie möchten unbedingt davon in der Kita-Zeitung berichten. Gemeinsam mit der Fachkraft überlegen sie, wie sie am besten ihre gesammelten Erkenntnisse darstellen können. Enya ist es wichtig, dass in der Zeitung gezeigt wird, wie groß ein Elefant im Verhältnis zu den Kindern ist – das hatte sie innerhalb des Projektes am meisten beeindruckt. Deshalb fertigen die drei ein Foto im Flur an, in dem an der Wand noch die lebensgroße Collage des Elefanten hängt. Karl möchte gerne zeigen, wie sich das Trompeten eines Elefanten anhört. Er hat lange geübt, das möglichst gut nachzumachen. Die Kinder entscheiden sich, über eine Sprachaufnahme nicht nur das „Töröö“ der Elefanten aufzunehmen, sondern zeigen auch, dass sie selbst stampfen können wie Elefanten. Jemimah findet es noch wichtig, dass alle Leser:innen erfahren, wo Elefanten wohnen. Darum suchen sie gemeinsam mit der Fachkraft nach Landkarten sowie Fotos aus Ländern, in denen Elefanten leben. Die Fachkraft schreibt schließlich noch einen Text, der den Rahmen zu den Einblicken der Kinder bildet.

2.8 Das Kita-Buch

Die eben vorgestellten Programme können Sie auch zur Erstellung eines Kita-Buches einsetzen. Die Idee hinter dem Kita-Buch basiert auf Freundesbüchern, also Büchern, in denen sich verschiedene Personen vorstellen. Meist geschieht dies auf Basis vorstrukturierter Streckbriefe. In einem Kita-Buch stellen sich sämtliche Mitarbeiter:innen der Kita vor, die den Familien begegnen: pädagogische Fachkräfte, Praktikant:innen, Hauswirtschaftskräfte, Hausmeister:innen, Trägervertreter:innen und Elternbeiratsmitglieder. Ebenso ist es denkbar, dass die einzelnen Familienmitglieder dort ihren Platz finden.

> Sinus ist schon ganz aufgeregt, denn bald darf er wie seine Schwester Salome in die Kita gehen. Gemeinsam mit seiner Mama schaut er sich immer wieder das Kita-Buch an. Dadurch lernt Sinus nach und nach bereits die Mitarbeiter:innen der Kita sowie andere Familien und Kinder kennen. Im Kita-Buch entdeckt er auch seinen Freund Tobi mit seiner Familie. Er freut sich sehr auf die Kita und darüber, mit Tobi spielen zu können.

Das Kita-Buch schafft Transparenz. So kann es gerade den Start in der Einrichtung sowohl für das Kind als auch dessen Familien vereinfachen, da sie all die „neuen" Personen dann nicht zum ersten Mal sehen. Wenn die Familien gleichzeitig die Funktionen und Verantwortungsbereiche der Mitarbeiter:innen kennenlernen, unterstützt sie dies bei der Orientierung. Das ist gerade in großen Häusern nicht nur für neue Familien hilfreich. Da es in Kitas häufig zu Personalwechsel kommt, ist die digitale Form des Kita-Buches besonders praktisch, da es ohne viel Aufwand aktualisiert und diese Version dann zeitnah den Familien zur Verfügung gestellt werden kann.

Darüber hinaus schafft ein Kita-Buch Zugehörigkeit und kann Distanzen vermindern. So können Familienmitglieder, die aufgrund ihrer beruflichen Tätigkeit, anderen Verpflichtungen oder einer räumlichen Distanz nur selten in der Kita vor Ort sind, dennoch die Bezugspersonen des Kindes kennenlernen. Berichtet ein Kind aus der Kita von einer Person, können die Familienmitglieder dann einen Bezug herstellen. Auch für die Kinder, die aufgrund von Erkrankungen oder sonstigen äußeren Umständen die Kita zeitweise nicht besuchen können, schafft das digitale Buch ein Zugehörigkeitsgefühl.

> Tabea ist erkrankt und kann seit einigen Wochen die Kita nicht besuchen. Sie vermisst ihre Freunde und die Fachkräfte Herrn Klaus, Herrn Talian und Frau Wagner. Der Vater von Tabea sorgt sich sehr darüber, dass seine Tochter alle vergisst und es ihr schwerfällt, nach ihrer Erkrankung in der Kita wieder Anschluss zu finden. Er schaut deshalb regelmäßig mit Tabea das Kita-Buch an und ist beeindruckt davon, wie viel seine Tochter zu den einzelnen Personen erzählen kann. Die Kita bleibt auf diese Weise auch während der Erkrankung für Tabea präsent.

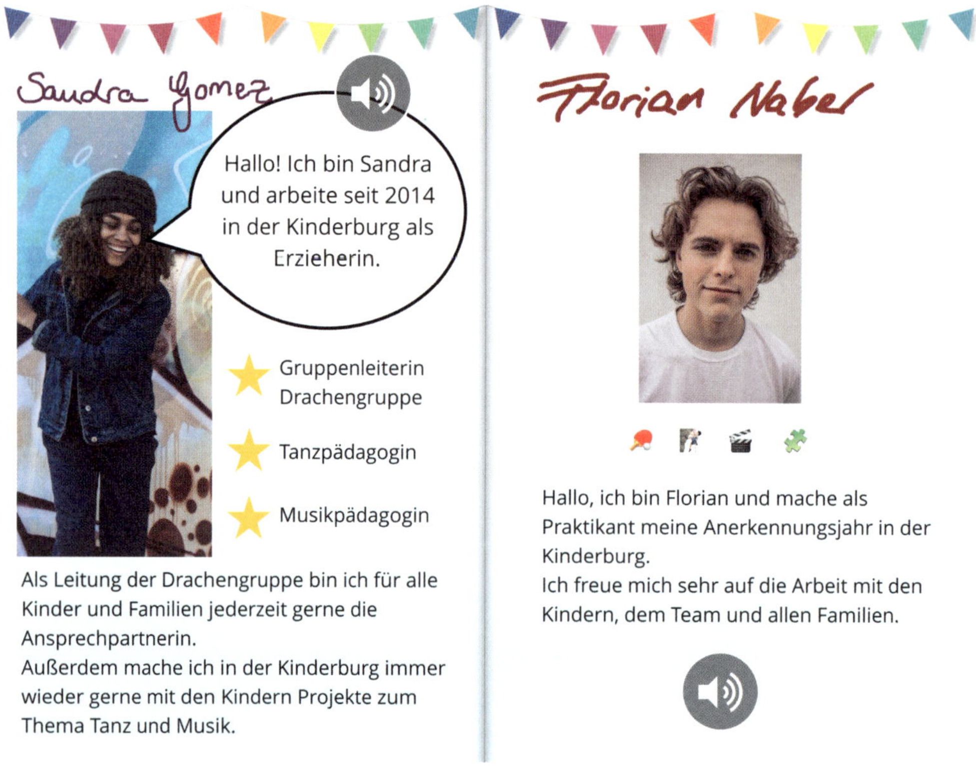

Quelle: erstellt mit der App BookCreator. Fotos der beiden Menschen von unsplash: (c) Austin Wade www.unsplash.com (c) Paulette Wooten www.unsplash.com

2.9 Umfragen

Digitale Medien eignen sich auch sehr gut, um Befragungen bei den Familien durchzuführen. Mithilfe dieser Befragungen können sich die pädagogischen Fachkräfte die Meinungen der Familien einholen und in ihrem pädagogischen Alltag berücksichtigen. Dabei sind sowohl einzelne Aspekte zu bestimmten Fragestellungen denkbar, etwa, wie zufrieden Familien mit dem Mittagessen sind, als auch allgemeine Fragen, wie zum Beispiel, welche Themen sie gerne beim nächsten Familienabend besprechen möchten. Ebenso kann eine Familienbefragung umfassender aufgebaut sein und gleichzeitig verschiedene Aspekte abfragen.

Die Kita-Leiterin, Frau Greif, erhält immer wieder die Rückmeldung von Kindern und Familien, dass sie mit dem Mittagessen unzufrieden sind. Kurzerhand erstellt sie daher eine digitale Umfrage und holt sich die Meinungen der Familien ein. Die Familien können ganz entspannt an der Umfrage teilnehmen, wenn sie ein gemeinsames Zeitfenster haben. So können sie sich auch noch über ihre Erfahrungen und Wünsche austauschen. Frau Graf kann anschließend die Umfrage auswerten und aus den Ergebnissen Schlüsse für das weitere Vorgehen ziehen. Da durch die Umfrage deutlich wurde, dass viele Familien mit der Essenssituation unzufrieden sind, zieht sie gemeinsam mit dem Kita-Team und dem Elternbeirat einen Wechsel des Essensanbieters in Erwägung.

Die digitale Form von Familienbefragung ist hilfreich, da sie anonymisiert stattfindet. In analoger Form müssen die Rückmeldungen entweder persönlich abgegeben oder in den Briefkasten geworfen werden. Manche Familien antworten aufgrund dessen zurückhaltender oder trauen sich nicht, bestimmte Dinge anzusprechen. Es besteht die Unsicherheit, dass aufgrund der persönlichen Abgabe oder der Handschrift die Antworten einem bestimmten Absender zuweisbar sind.

Digitale Abfragen helfen zudem, Themen schneller zu klären. Viele Fachkräfte werden die Situation kennen, dass es bei einem Familienabend Diskussionen um bestimmte Themen gibt: Wo soll der Familienausflug hingehen? Welche Programmpunkte könnten auf dem Sommerfest stattfinden? Welches Spielzeug soll mit dem Geld der letzten Spendenaktion angeschafft werden? Wenn Sie ein Online-Abstimmungstool wie zum Beispiel Mentimeter nutzen, können die Familien direkt abstimmen, und alle sehen das Ergebnis. Dies vereinfacht Entscheidungen.

Auch Ideensammlungen können mit solchen Abstimmungstools einfach gestaltet werden. Die Familien geben Ihre Ideen ein, und es entsteht eine für alle sichtbare Wortwolke. Dies kann auch für einen pädagogischen Familienabend ein wunderbarer Einstieg in ein Thema sein, da der gemeinsame Blick auf die Wortwolke ein guter Ansatz für Gespräche über Belange ist, die auf den Bedarf der Familien zugeschnitten sind.

Quelle: erstellt mit www.mentimeter.com

Auch jährliche Familienbefragungen, die in den meisten Bundesländern verpflichtend sind, können auf diese Weise durchgeführt werden. Gerade, wenn es um umfassendere Befragungen geht, sind digitale Formen hilfreich, da die meisten Programme auch direkt die Auswertung übernehmen. So erhalten Sie grafisch aufbereitete Statistiken, die Ihnen die Weiterarbeit mit den Inhalten wesentlich erleichtern.

2.10 Kurznachrichten

Im Kita-Alltag besteht immer wieder die Notwendigkeit, kurze Informationen mit einzelnen Familien auszutauschen. Dabei geht es häufig um organisatorische Aspekte, wie die Information, dass neue Windeln benötigt werden, oder ein Hinweis, dass das Kind am nächsten Tag gerne sein Lieblingsspielzeug den anderen Kindern zeigen und daher mit in die Kita bringen möchte. Häufig befinden sich die Fachkräfte mitten im Geschehen, wenn ihnen einfällt, dass sie diese Information übermitteln möchten. Beim Wickeln wurde gerade die vorletzte Windel verwendet oder im Morgenkreis wurde heute über Lieblingsspielsachen gesprochen. Die Fachkräfte müssen Tag für Tage eine Fülle an Informationen aufnehmen und verarbeiten. Im Alltagsgeschehen kann es herausfordernd sein, sich diese bis zur Übergabe am Nachmittag zu merken. Und dann müssen die Familien sich diese Informationen wiederum merken – was nicht immer gelingt, wenn der Kopf nach einem Arbeitstag in der Abholsituation mit dem Kind und dem weiteren Tagesverlauf beschäftigt ist. Ein zwischendurch geschriebener Klebezettel am Garderobenplatz oder im Rucksack geht schnell verloren oder unter. Die Möglichkeit, direkt bzw. zeitnah im Geschehen mittels einer Kita-App eine entsprechende Nachricht zu versenden, kommt deshalb allen Beteiligten entgegen. Die Fachkräfte können sicherstellen, dass sie im Trubel des Geschehens die Information nicht wieder vergessen, und die Familien haben diese Hinweise schriftlich vorliegen und können jederzeit nochmals nachsehen.

> Mit der Kita-App bekommen die Familien die Nachrichten viel schneller und leichter, wodurch der Informationsfluss optimiert wird. Die Infos werden dadurch von den Familien besser gelesen, und es gehen weniger Nachrichten verloren.
>
> *Sophie E., Leiterin einer Kinderkrippe*

> Beim Anziehen für den Garten fällt dem Praktikanten, Herrn Probst, auf, dass Emma noch gefütterte Gummistiefel trägt, obwohl es nach dem Winter bereits deutlich wärmer geworden ist. Über den Messenger informiert Herr Probst die Familie, dass es besser wäre, wenn Emma ungefütterte Gummistiefel in der Kita zur Verfügung hat. Die Familie bringt die Schuhe am nächsten Tag mit und ist dankbar für die Rückmeldung.

Ebenso kann eine Kurznachricht über besondere Vorkommnisse an die Familien geschickt werden, zum Beispiel, dass das Kind gestürzt ist und sich das Knie aufgeschlagen hat. Diese Form von Informationsaustausch funktioniert natürlich auch in die andere Richtung. Familien können den Fachkräften Informationen über Geschehnisse von zuhause übermitteln, etwa, dass das Kind in der Nacht nicht gut geschlafen hat. Vor allem im Krippenbereich sind diese Informationen für Familien und Fachkräfte von enormer Bedeutung. Erfolgt dieser Informationsaustausch über das digitale Medium, kann bei der Übergabe in der Bring-und-Abholsituation dann eingehender über die pädagogischen Prozesse des Tages und das Erleben und Lernen des Kindes gesprochen werden.

Beim Teilen von Informationen, die das Kind betreffen, muss immer bedacht werden, welche Hinweise zu welcher Zeit den Familien zur Verfügung gestellt werden: Was macht es zum Beispiel mit Familien, wenn das Kind häufig von einem anderen gebissen wird und sie diese Information nur über das Smartphone erhalten, ohne den Kontext und die Situation zu kennen? Wie haben die Familien die Möglichkeit, jederzeit mit den Fachkräften darüber zu sprechen? Ist es sinnvoller, sensible Themen persönlich in der Bring-und-Abholsituation zu besprechen?

> Finja hatte in der Kita einen Streit mit ihrem besten Freund Bruno. Die Auseinandersetzung nahm so stark Fahrt auf, dass die beiden am Ende überhaupt nicht mehr recht wussten, worum es eigentlich ging. Die Fachkraft, Herr Courcio, beobachtete den Streit und griff nach längerem Zögern zur Unterstützung ein. Er sprach mit den Kindern über ihre Gefühle und Bedürfnisse und darüber, wie der Streit entstanden ist. Anschließend betrachteten sie gemeinsam ein Bilderbuch zum Thema „Streiten". Nachdem die Situation geklärt war, schrieb Herr Courcio den Familien der beiden Kinder eine kurze Notiz. Beim Abholen gingen Herr und Frau Eber, die Eltern von Bruno, gezielt auf Herrn Courcio zu und unterhielten sich mit ihm über den Streit und darüber, welche Bildungsprozesse daraus entstanden sind. Auch in der Familie wird beim Abendessen über das Thema „Streiten" gesprochen.

Es gibt Kitas, die kommerzielle Messenger-Dienste zur Kommunikation nutzen. Hierbei ist ein großes „Achtung!" geboten, denn es gibt kaum Messenger-Dienste, bei denen der Datenschutz gewährleistet ist. Beispiele hierfür sind WhatsApp oder der Facebook-Messenger. Gerade für den direkten Austausch zwischen Kita und Familien stehen mittlerweile zahlreiche Kita-Apps, die **DSGVO konform** sind, zur Verfügung. Diese haben sich auf die individuellen Bedarfe von Kitas spezialisiert und bieten so auch integrierte Übersetzungsfunktionen. Sowohl die Familie als auch die Kita können die Nachrichten in die Sprache ihrer Wahl übersetzen. Das erleichtert gerade die Weitergabe von wichtigen Informationen enorm.

Da der Markt der Kita-Apps immer weiterwächst, wird es zunehmend schwierig, einen Überblick über die vielfältigen Angebote und unterschiedlichen Ausdifferenzierungen zu erhalten. Hier empfiehlt es sich, nach neutralen Stellen Ausschau zu halten, die Kita-Apps prüfen. So gibt es Studien zur Datensicherheit von Kita-Apps oder auch die Expertise des IFP Bayern (www.kita-digital-bayern.de), die regelmäßig aktualisiert wird.

2.11 Videomeetings

Die Einsatzmöglichkeiten von Videomeetings in der Zusammenarbeit mit Familien sind äußerst vielfältig. Mit bekannten Meetingtools wie zoom, Microsoft Teams, BigBlueButton oder auch Google Hangouts haben Sie die Möglichkeit, sich mit Familien auch außerhalb der Kita in einem Gespräch auszutauschen. Inzwischen gibt es auch erste Kita-Apps, wie zum Beispiel KidsFox, die eine integrierte Funktion für Videomeetings bereitstellen. Das Videomeeting hat im Vergleich zum Telefonat den Vorteil, dass Sie sich gegenseitig sehen können und damit auch für Gespräche wichtige mimische Zeichen mitbekommen.

Videomeetings bieten sich zum Beispiel für ein erstes Kennenlernen an. In der Phase, in der die Familien auf der Suche nach einem Kita-Platz sind, könnten Sie virtuelle Sprechstunden anbieten, in denen Sie das Konzept vorstellen und erste Fragen geklärt werden. Dies hat den Vorteil, dass im Kita-Alltag weniger Unruhe entsteht, weil immer wieder fremde Personen in der Kita erscheinen.

Ein Videomeeting können Sie ebenso für Elterngespräche einsetzen. So ist es für manche Familien einfacher zu ermöglichen, dass alle Beteiligten an einem Gespräch teilhaben, wenn es in digitaler Form stattfindet. Berufstätige Familienmitglieder können sich eher ein Zeitfenster für ein digitales Gespräch freischaufeln, wenn An- und Abfahrtszeiten wegfallen, und sie können sich entspannter auf die Inhalte einlassen. Ebenso gibt es Fälle, bei denen ein Elternteil für einen längeren Zeitraum verreisen muss. Auch hier sind Videomeetings eine ideale Möglichkeit.

Frau Fyrogenis, die Mutter von Dimithar, ist derzeit in ihrem Heimatland, um ihre Mutter zu pflegen. Die Kita würde gerne gemeinsam mit Herrn und Frau Fyrogenis sowie der Babysitterin darüber sprechen, wie es Dimithar mit der Situation geht und wie sie ihm gemeinsam die längere Trennung von der Mutter erleichtern können. Das Gespräch findet mittels eines Videotools statt, damit auch Frau Fyrogenis daran teilnehmen kann. Für Dimithar ist es sehr hilfreich, dass er so gut in der für ihn schweren Situation begleitet wird. Und Frau Fyrogenis ist dankbar, dass sie trotz der großen Entfernung teilhaben kann.

Übrigens: Ein Videomeeting kann auch Personen an einen (virtuellen) Tisch holen, die Schwierigkeiten haben, gemeinsam in einem Raum zu sein. So begegnen Ihnen in der Kita wohl immer wieder Bezugspersonen, die in einem Konflikt stehen, jedoch das gemeinsame Sorgerecht für ihr Kind haben. Gerade, wenn es um Themen geht, bei denen es das gemeinschaftliche Verständnis aller Beteiligten braucht, kann der virtuelle Weg eine Lösung sein.

Virtuelle Familienabende

Videomeetings können nicht nur für den Austausch mit einzelnen Familien, sondern auch im Rahmen von Familienabenden bzw. -nachmittagen eingesetzt werden. Das schafft die Möglichkeit, dass sowohl die Familien als auch die Fachkräfte ortsunabhängig daran teilnehmen können. Zum Beispiel entlastet diese Form auch Fachkräfte, die am Tag des Familienabends Frühdienst hatten und so nicht nochmals den Weg in die Kita antreten müssen.

Zudem bieten digitale Familienabende die Möglichkeit, Zielgruppen anzusprechen, die durch den analogen Familienabend nur schwer zu erreichen sind. Ein virtueller Familienabend ist ein niederschwelliges Angebot vor allem auch für Familien, die aus unterschiedlichsten Gründen nicht an Präsenzveranstaltungen in der Kita teilnehmen können oder möchten. Manche Familien haben Scheu aufgrund von Sprachbarrieren oder schlechten Erfahrungen in Gruppensettings. Der virtuelle Raum kann ihnen hier Sicherheit bieten. Neben dem organisatorischen Austausch stellen digitale Familienabende vor allem hinsichtlich des Auftrags der Elternbildung eine große Chance dar.

Familien sind bei Terminen, die außerhalb der Betreuungszeit stattfinden, darauf angewiesen, dass ihre Kinder betreut werden. Insbesondere Alleinerziehende stellt dies vor eine Herausforderung. Ebenso Familien, bei denen eine Person oder beide im Schichtdienst arbeiten oder weitere Verpflichtungen haben. Finden die Familienabende digital statt, können die Familien zugleich ihr Kind betreuen und an der Veranstaltung teilnehmen. Dadurch wird es auch möglich, dass mehrere Familienmitglieder gleichzeitig mit dabei sind.

Die Kita veranstaltet einen Familienabend zum Thema „Schlafen". Der alleinerziehende Vater, Herr De Santos, hat immer wieder Probleme damit, Raphael zum Schlafen zu bringen. Doch leider findet er für den geplanten Vortragsabend keinen Babysitter für Raphael. Hier ist es gut, wenn der Familienabend in einem digitalen Format durchgeführt wird, damit auch Herr De Santos von den Inhalten profitieren kann, die ihm bei den abendlichen Einschlafritualen helfen.

Virtuelle Familienabende können auch für Familien mit geringen Deutschkenntnissen Barrieren abbauen. Die Familien können sich eine:n Dolmetscher:in aus dem Freundeskreis mit vor den Bildschirm holen, der oder die wichtige Inhalte übersetzt. Ebenso können die Dolmetscher:innen Fragen stellen, was sich die Familie aufgrund der geringen Deutschkenntnisse vielleicht nicht zugetraut hätte.

Neben dem rein digitalen Familienabend ist auch eine Mischform, ein hybrider Familienabend, denkbar. Hierbei ist ein Teil der Familien vor Ort in der Kita während andere Familien oder einzelne Mitglieder die Option haben, daran digital teilzunehmen.

Egal ob Sie einen rein digitalen oder hybriden Familienabend durchführen, empfiehlt es sich, die Leitung mindestens zu zweit zu übernehmen. So kann sich eine Person auf die Moderation der Veranstaltung konzentrieren, während die zweite Person den Chat im Blick behält und so sicherstellt, dass alle Beteiligten zu Wort kommen.

Tipps für die Vorbereitung und Durchführung eines digitalen Familienabends

- Sofern Ihr Meetingtool diese Funktion bietet, aktivieren Sie den Warteraum. So haben Sie die Möglichkeit, sich intern in Ruhe vorzubereiten und dann die Familien kurz vor Beginn in den virtuellen Raum einzulassen.
- Erklären Sie zu Beginn der Veranstaltung alle relevanten Funktionen und wie die Familien diese nutzen können.
- Laden Sie die Familien dazu ein, die Kamera anzuschalten, um eine persönliche Atmosphäre zu gestalten.
- Bereiten Sie eine Präsentation vor, um die wichtigsten Inhalte per Bildschirmübertragung zu zeigen.
- Nutzen Sie für Abstimmungen die eingebauten Funktionen oder Umfragetools.
- Erstellen Sie einen **Leitfaden** und geben Sie diesen mit der Einladung an die Familien vorab weiter. So sind die Teilnehmenden gut informiert und können sich auf das neue Format einstellen.

Virtueller Familienabend zum Thema „Unser Tagesablauf"

Liebe Familien,
wir laden Sie herzlich zu unserem nächsten Familienabend ein. Dabei möchten wir Ihnen unseren Tagesablauf vorstellen und gemeinsam darüber ins Gespräch kommen. Die Veranstaltung findet virtuell via **[Meetingtool]** statt. Es muss keine App installiert werden. Sie benötigen nur einen Browser in den aktuellen Versionen von Google Chrome, Microsoft Edge, Mozilla Firefox oder Safari.
Klicken Sie zum Start des Meetings einfach auf den untenstehenden Link. Sie können der Konferenz dann via Browser beitreten.

Ablauf des Termins:
Bitte wählen Sie sich **am [Datum und Uhrzeit]** in folgendes Meeting ein: **[Link]**
Der virtuelle Raum wird ab **[Uhrzeit]** geöffnet sein.
Bitte wählen Sie sich 5 bis 10 Minuten vorher ein, damit Sie Ihr **System ausprobieren** können.
Da wir einen großen Teilnehmer:innen-Kreis erwarten, bitten wir Sie darum, folgende Regeln zu beachten:

- Bitte schalten Sie Ihr Mikrofon stumm (besonders, wenn Sie über Ihr Mobiltelefon teilnehmen). Aktivieren Sie Ihr Mikrofon nur dann, wenn Sie nach einer Wortmeldung aufgerufen wurden.
- Stellen Sie gerne Ihre Fragen im Chat. Wir werden am Ende des Vortrags darauf eingehen. Gerne können Sie sich auch via Handzeichen melden, wenn Sie eine Frage stellen möchten.
- Wir weisen darauf hin, dass die Aufzeichnung der Videokonferenz ausdrücklich verboten ist.

Technische Voraussetzungen:
Für einen reibungslosen Ablauf prüfen Sie bitte vor Veranstaltungsstart folgende technischen Voraussetzungen:

- PC, Laptop, Tablet oder Smartphone (optional mit Kamera und Mikrofon)
- Kopfhörer (bei Bedarf, unterstützt bei störenden Nebengeräuschen/Hallgeräuschen)
- Stabile Internetverbindung – Mindestdownloadrate von 3 Mbit/s und Mindestuploadrate von 1 Mbit/s
- Aktuelle Browser-Versionen von Google Chrome, Microsoft Edge, Mozilla Firefox oder Safari

Falls Sie Fragen zur Veranstaltung haben, stehen wir Ihnen gerne zur Verfügung. Wir freuen uns sehr auf den gemeinsamen Abend und den Austausch mit Ihnen!
Herzliche Grüße
Ihr Kita-Team

2.12 Austauschforen

Digitale Austauschformen bieten eine gute Möglichkeit für die Vernetzung der Familien. Sicherlich sind in den meisten Kitas die Familien bereits digital vernetzt, allerdings eher auf eigene, nicht unbedingt datenschutzkonforme Weise (z.B. WhatsApp-Gruppen). Einige Kita-Apps haben auch die Funktion eines Forums integriert. Dies bietet Kitas die Option, selbst diese Form des Austausches unter den Familien zu ermöglichen. So steht es den Familien frei, daran teilzuhaben, ohne dass sie zum Beispiel ihre Telefonnummern mit allen Familien in der Kita teilen müssen und damit ein Stück Privatsphäre aufgeben. Ebenso kann auf diese Weise sichergestellt werden, dass Datenschutzrichtlinien eingehalten werden und der Austausch in einem geschützten Rahmen stattfindet.

Wenn Sie ein Austauschforum für die Familien in Ihrer Kita einrichten, dann tragen auch Sie die Verantwortung für die dort geteilten Inhalte. Es empfiehlt sich daher, Kommunikationsregeln sowie Inhalte des Forums festzulegen. Denkbar ist zum Beispiel ein Suche-Biete-Forum, bei dem die Familien aussortierte Kleidung und Gegenstände oder entsprechende Gesuche einstellen können.

Familie Gräber hat mehrere Hosen in Größe 92 abzugeben, da die Tochter Anja aus dieser Kleidung herausgewachsen ist. Familie Striepe ist dankbar für das Angebot, da sie für ihr Kind Hosen in genau dieser Größe benötigt. Das Forum erspart Familie Gräber die Aufgabe, die Kleidung über andere Wege weiterzugeben, und Familie Striepe spart sich die Suche nach neuen Hosen.

Ebenso können die Familien Freizeit-Tipps in der Umgebung weitergeben oder sich in Erziehungsfragen austauschen. Mit den Austauschforen bieten Sie den Familien eine Grundlage für die elterliche Beratung. Die Bandbreite der Themen ist groß. Damit die Inhalte nicht ausufern, sind neben Regeln auch eine Struktur sowie zuweilen die Moderation der Foren wichtig. So kann ein moderierendes Eingreifen wichtig sein, wenn die Inhalte zu weit vom Thema weggehen oder aber Tipps und Ratschläge geteilt werden, die pädagogisch nicht vertretbar sind.

Sie möchten gerne ein Familien-Forum anbieten, doch fehlt Ihnen die Zeit, diese Plattform zu strukturieren und vor allem kontinuierlich zu moderieren? Diese Rolle könnten Sie an ein oder mehrere Mitglieder des Elternbeirats übergeben. So haben die Familien gleichzeitig das Gefühl, dass das Austauschforum tatsächlich ein Bereich für die Familien selbst ist.

2.13 Digitale Pinnwand

Eine digitale Pinnwand bündelt Informationen rund um den Kita-Alltag. Ähnlich wie beim Teilen von Dokumenten via E-Mail oder Laufwerk können damit Elternbriefe, wichtige Termine oder Hygienemaßnahmen unkompliziert kommuniziert werden und erreichen die Familien auch außerhalb der Bring- und Holzeiten. Auf die digitale Pinnwand haben die Familien jederzeit Zugriff und können somit Informationen dann abrufen, wenn es gut für sie passt. Wird bedacht, dass oftmals in Bring- und Abholzeiten nur wenig Zeit für den Austausch oder das Durchlesen von Aushängen in der Kita bleibt, ist dies sehr hilfreich.

Auch im Rahmen der Elternbildung kann die digitale Pinnwand eingesetzt werden. Die Kita-Fachkräfte können dort hilfreiche Websites, Artikel oder Videos direkt verlinken. Dies unterstützt die Familien, da es für Personen, die keine pädagogische Qualifikation haben, häufig nicht leicht ist, qualitativ hochwertige Inhalte von weniger geeigneten Inhalten zu unterscheiden.

Die digitale Pinnwand eignet sich ebenfalls dafür, den Familien Einblick in den Kita-Alltag zu geben. Teilen Sie zum Beispiel Fotos oder Videos von Aktivitäten oder stellen Sie aktuelle Lieder und Fingerspiele vor.

Die Fachkraft, Frau Gouilay, beobachtet momentan häufiger in der Essenssituation, dass einige Kinder mit dem Trinkwasser experimentieren und ausprobieren, wie voll sie ihr Glas beim Einschenken machen können. Aufgrund ihrer Beobachtungen gestaltet Frau Gouilay Möglichkeiten für Experimente mit Schüttübungen. Diese dokumentiert sie mit Fotos und Videoeindrücken. Die wertvollen Bildungserfahrungen möchte sie gerne mit den Familien der Kinder teilen und stellt ihnen die Dokumentationen auf der digitalen Pinnwand zur Verfügung. Auch Frau Bauer beobachtet, dass ihre Tochter Clara zuhause immer mit dem Wasser „planscht“. Sie ist ziemlich genervt davon, da ihr die Bildungsprozesse dahinter nicht bewusst sind. Als Frau Bauer den Beitrag auf der digitalen Pinnend liest, wird ihr der Lernprozess von Clara deutlich und sie kann mit der Situation zuhause viel entspannter umgehen. Sie ist so interessiert an den Erfahrungen ihres Kindes, dass sie in der Kita mit Frau Gouilay darüber ins Gespräch kommt.

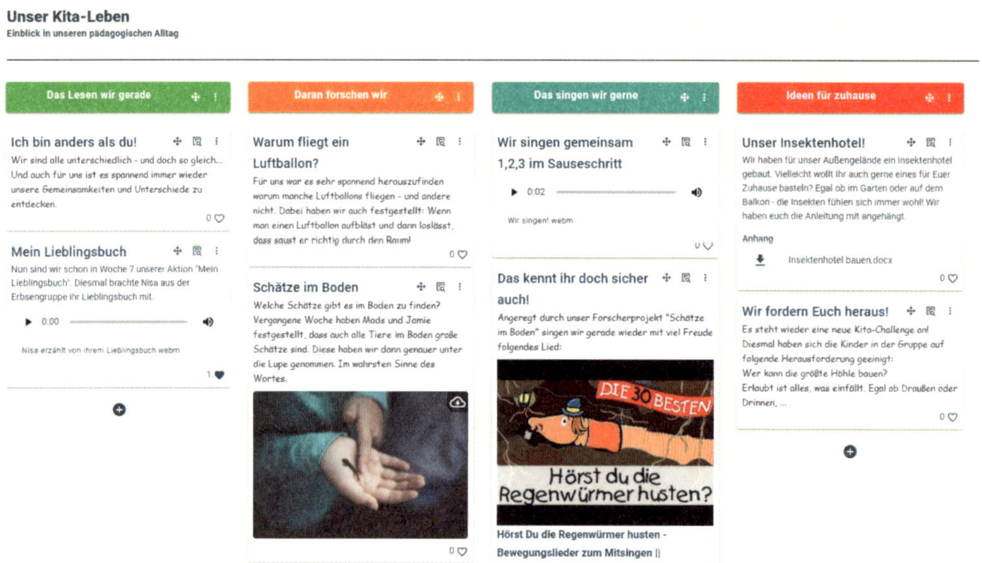

Quelle: erstellt über taskcards.de. Das Bild bei Schätze vom Boden ist von Unsplash: (c) Clint McKoy www.unsplash.com; der Link zu dem YT-Video: www.youtube.com/watch?v=7_TKaWHeQHo

Auf einer digitalen Pinnwand, wie zum Beispiel TaskCards, können Sie Spalten anlegen, die Sie dann mit Inhalten füllen. Dabei können Sie sowohl Fotos als auch Videos und Sprachaufnahmen, Dokumente, Lieder oder auch Verlinkungen zu empfehlenswerten Internetseiten hochladen. Die Pinnwand kann jederzeit nach Belieben erweitert, Inhalte können verschoben oder auch gelöscht werden.

> Um Informationen, Angebote und Ideen übersichtlich darzustellen, empfiehlt es sich, mehrere Pinnwände zu verschiedenen Themen zu gestalten. Die Pinnwände können dann wiederum untereinander verlinkt werden, sodass die Familien nur einen Link aufrufen müssen.

Die Familien können auch beteiligt werden, indem Sie eine Kommentarfunktion freischalten oder die Einstellungen so erweitern, dass die Familien selbst Inhalte auf der Pinnwand einstellen können. Beim Erstellen der digitalen Pinnwand sollten Sie stets darauf achten, dass der Zugriff durch ein Passwort geschützt ist, damit ausschließlich die Familien Ihrer Kita darauf zugreifen können.

2.14 Digitaler Bilderrahmen

Einen Eindruck vom Geschehen in der Kita können Familien auch mittels eines digitalen Bilderrahmens oder eines Bildschirms, der für alle sichtbar in der Kita angebracht ist, erhalten. Über diesen Bildschirm werden wichtige, aktuelle Informationen anzeigt, wie der aktuelle Speiseplan oder die Termine in der laufenden Woche. Der Vorteil der digitalen Variante gegenüber klassischen Aushängen besteht darin, dass sie einfacher und papiersparender aktualisiert werden kann.

Ebenso können Sie digitale Bilderrahmen dafür nutzen, um den Familien einen Einblick in den Kita-Alltag zu geben. Je nach zeitlicher Kapazität können Sie Tages- oder Wochenrückblicke mit Bildern und/oder Videosequenzen gestalten. Dabei ist es hilfreich, wenn Sie diese Aufnahmen um erklärende Texte oder Überschriften ergänzen. Eine weitere Option ist es, gezielt von Projekten, Ausflügen oder Festen Fotos im digitalen Bilderrahmen zu präsentieren.

Es empfiehlt sich, den Bildschirm im Eingangsbereich bzw. an einem Ort anzubringen, an dem sich die Kinder und deren Familien gemeinsam aufhalten. So können die Kinder anhand der Bilder zum Beispiel in der Abholsituation von ihren Erlebnissen berichten. Dabei dienen die Bilder den Kindern auch als Erinnerungsstütze. Gerade für jüngere Kinder ist es eine Herausforderung, sich alle Geschehnisse eines Tages zu merken. Sehen Sie dann ein Foto, kann dies den Impuls geben, ins Erzählen zu kommen. Gleichzeitig können auch die Familien diese Bilder nutzen, um gezielt mit den Kindern ins Gespräch zu gehen.

> Lutz, Ashvi und Olivia gestalten in der Turnhalle eine große Baustelle. Die Bewegungsmaterialien werden zu Bagger, Kran, Kipplaster etc. umfunktioniert; die drei Kinder sind sehr vertieft in das Spiel. Die Fachkraft, Herr Krebs, beobachtet die Situation und hält die Eindrücke auf Fotos fest. In der Mittagszeit spielt Herr Krebs die Fotos des Tages auf den digitalen Bilderrahmen. Als Herr Gaikwad seine Tochter Ashvi abholt, sieht er sich zusammen mit ihr die Fotos an. Gemeinsam kommen die beiden über das Spiel der Kinder ins Gespräch, und Ashvi erzählt ganz aufgeregt, an was sie alles gedacht haben. Herr Gaikwad freut sich sehr darüber, dass er einen Einblick in den Tag seines Kindes bekommen hat.

2.15 Digitale sprechende Wände

Digitale sprechende Wände sind eine weitere Option für die Kinder, ihre Erlebnisse und Erkenntnisse mitzuteilen. Eine sprechende Wand zeichnet sich durch ihre physische Präsenz aus, die auf die Kinder und die weiteren Beteiligten in der Kita wirkt. Das bedeutet, dass die Inhalte so platziert sind, dass sie von allen gut gesehen werden können. Dafür bietet sich zum Beispiel der Flur in der Kita an. Eine digitale sprechende Wand ergänzt die klassische Gestaltung (Bilder, Texte, gesammelte Werke oder auch Fundstücke) um die Möglichkeiten von Video- und Sprachaufnahmen. Dies hat zum einen den Vorteil, dass zum Beispiel mithilfe eines digitalen Bilderrahmens wesentlich mehr Bilder gezeigt werden können, wenn sie als Diashow durchlaufen. Auf Bildschirmen können ebenso Videos präsentiert werden. Daneben gibt es speziell für solche Zwecke entwickelte Materialien, die unkomplizierte Sprachaufnahmen ermöglichen. Digitale sprechende Wände mit Einschubfächern oder sogenannte sprechende Klammern beinhalten kleine Aufnahmegeräte, die durch ihre unkomplizierte Handhabung den Kindern ermöglichen, selbstständig Sprachaufnahmen zu tätigen und anzuhören. Damit erhalten die Kinder die Möglichkeit, ihren Familien selbst von ihren Erfahrungen zu berichten. Die Familien haben wiederum die Chance, die Eindrücke aus dem Kita-Alltag direkt von den Kindern zu erfahren.

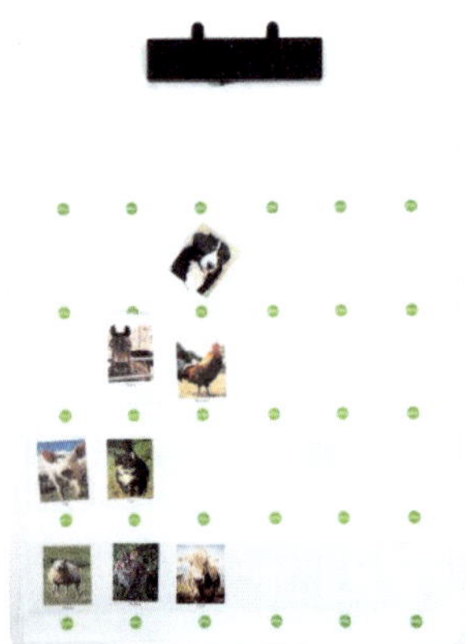

Sprechende Wände / Erzählboards

Solch eine sprechende Wand besteht aus verschiedenen Einschubfächern, in die Sie zum Beispiel Fotos von gemeinsamen Erlebnissen stecken. Die Kinder können dann pro Einschubfach einen Text von 10 bis 30 Sekunden (variierend nach Hersteller) einsprechen. Bei diesen Elementen spielen die Kinder die Aufnahmen durch das Drücken von Tasten am Bild jederzeit ab.

www.backwinkel.de/erzaehl-board.html?gclid=eaiaiqob-chmio_oaiofy7wivkawgabomdqu4eaqyasabegiowfd_bwe oder www.inklusiv-shop.ariadne.de/themenwelten/kindergarten/5275/interaktiva-die-sprechende-wand-n/528-3600/

Sprechende Klammer
Mit den sprechenden Klammern nehmen die Kinder kurze Sequenzen von etwa 10 Sekunden auf. Da die Klammer variabel zu befestigen ist, können die Kinder ihre Sprachaufnahmen beliebig zuordnen. Dadurch ermöglichen die sprechenden Klammern eine große Flexibilität in der Wanddokumentation.

www.inklusiv-shop.ariadne.de/themenwelten/kindergarten/6337/peggy-die-sprechende-riesenklammer-n/528–1501/ oder www.b-bot.de/produkte/kommunikation/sprechende-klammern/

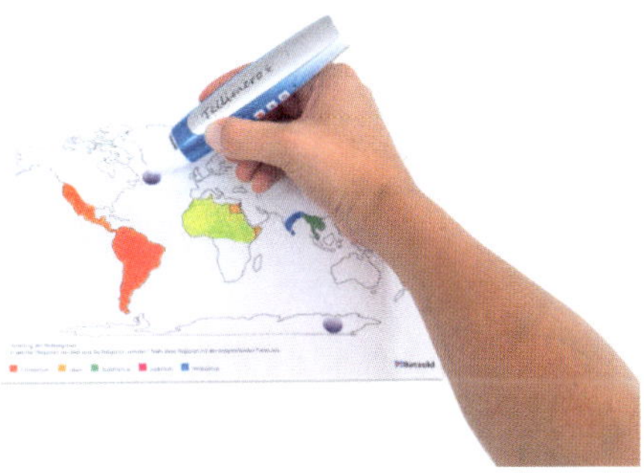

Sprechender Stift
Sprechende Stifte sind kleine Aufnahmegeräte. Damit können beliebig lange Sprachaufnahmen gemacht werden, die Stickern zugewiesen werden. Diese Sticker werden dann an den sprechenden Wänden angebracht. Halten die Kinder den Stift anschließend an die verschiedenen Sticker auf der Wand, so spielt der sprechende Stift die passende Aufnahme ab. Zu einem Sticker lassen sich immer wieder neue Aufnahmen einsprechen.

www.anybookreader.de/ oderwww.betzold.de/prod/E_754698/

Quelle: Lepold, Lill & Tuffentsammer 2021, S. 50f.

Häufig werden sprechende Wände zur Dokumentation von Projekten genutzt. Projekte leben unter anderem davon, dass Expertisen von außen in die Kita geholt werden. So ergibt sich eine wunderbare Gelegenheit, um Familienmitglieder partizipieren zu lassen. Ist eine Mutter Imkerin, kann sie über die Bienen berichten. Ein Onkel, der Musiker ist, erklärt, wie ein Lied ins Radio oder einen Streaming-Dienst kommt. Manchmal ist es jedoch für die Familienmitglieder – gerade aufgrund der beruflichen Verpflichtungen – schwierig, tagsüber in die Kita zu kommen, um das eigene Wissen zu teilen. Hier können zu einem passenden Zeitpunkt Videos erstellt werden, die dann über den digitalen Bilderrahmen abgespielt werden, oder Erklärungen zu Bildern eingesprochen werden, die die Kinder anschließend tagsüber anhören können.

Interaktive Familienwände

Eine weitere Möglichkeit, digitale sprechende Wände zur Zusammenarbeit mit Familien zu nutzen, ist die Gestaltung interaktiver Familienwände. Wie auch bei klassischen Familienwänden bringen die Familien ein Foto mit. Doch anstatt einen ergänzenden Text zu schreiben, können sich die Familien per Sprachaufnahme vorstellen. So könnte jede Familie einen Satz einsprechen, wie: „Hallo, wir sind Familie Baistan und unsere Kinder Juri und Nila gehen in diese Kita." Dabei können Sie es den Familien überlassen, ob sie sich auf Deutsch oder gegebenenfalls in einer anderen Familiensprache vorstellen möchten. Auch auf diese Weise wird die Vielfalt der Familien sicht- und hörbar.

> Die Kita „Am Stadtgraben" lebt im Alltag Inklusion. Um die Vielfalt der Familien abbilden zu können, gibt es in der Einrichtung eine digitale sprechende Wand mit Steckbriefen der Familien. Die Familien freuen sich sehr über das Angebot und die Möglichkeit, auf diese Weise die anderen Familien besser kennenzulernen. Frau Guillera hat dabei entdeckt, dass Frau Läderer ihr Kind ebenfalls in die Kita „Am Stadtgraben" bringt. Die beiden Familien kennen sich bereits von der Krabbelgruppe. Sie verabreden sich nun regelmäßig zum Spielen nach der Kita.

2.16 Blogs & Podcasts

Blogs und Podcasts sind digitale Formate, in denen die Autor:innen ihre Gedanken festhalten. Dabei verfolgen sie unterschiedliche Zielsetzungen – vom Wunsch, Ideen zu verbreiten, über die Suche nach Interaktion bis hin zur reinen Unterhaltung. Podcasts und Blog sind seriell aufgebaut. Das bedeutet, dass sie aus mehreren Beiträgen oder auch Folgen bestehen. Dabei kann es regelmäßige oder unregelmäßige Erweiterungen geben. Im Kita-Kontext eignen sich Blogs und Podcasts, um den Familien Einblick in den Kita-Alltag zu geben. Ähnlich wie bei der sprechenden Wand, der digitalen Pinnwand oder auch der Kita-Zeitung können hier besondere Momente oder Projekte vorgestellt werden.

Wenn Sie ein Projekt mittels eines Blogs oder Podcasts begleiten möchten, empfiehlt es sich, für die einzelnen Prozessschritte separate Folgen zu erstellen. Wer viel mit Fotos oder Videos arbeiten möchte, findet in Blogs das geeignete Format. Wenn für Sie im Vordergrund steht, dass die Gedanken der Kinder Platz finden, ist die Variante des Podcasts geeigneter.

Die Inhalte müssen nicht zwingend an ein Projekt oder ein festes Thema gebunden sein. Da manche Blogs sowie Podcasts schlicht den Gedankenaustausch mehrere Personen abbilden, können Sie diese Formate auch einsetzen, um die Gedanken der Kinder festzuhalten.

Jonathan und Karolina haben immer viel zu erzählen und berichten gerne von ihren Erlebnissen innerhalb und außerhalb der Kita. Die Kita-Leiterin, Frau Heil, kommt so auf die Idee, einen Podcast zu erstellen und gewinnt dafür noch weitere interessierte Kinder. Gemeinsam mit den Kindern philosophiert sie zu verschiedenen Themen wie Spielen, Umweltschutz, Freundschaft etc. Den Podcast stellt sie allen Familien zur Verfügung. Er wird sehr gerne gehört, denn die Familien sind neugierig, die Sicht der Kinder zu verschiedenen Themen zu hören.

Um mit den Kindern Gespräche zu initiieren und gezielt durch Fragen zu steuern, ist eine Orientierung an dem Konzept „Mit Kindern im Gespräch" (Kammermeyer et al. 2017) hilfreich. Hier lernen Sie, denk- und gesprächsanregende Fragen zu formulieren.

Blogs und Podcasts können auch ein hilfreiches Mittel für den Austausch unter den Familien sowie für die elterliche Beratung sein. Familien können zum Beispiel von ihren Erlebnissen während der Eingewöhnungszeit oder des Übergangs zur Schule berichten. Ebenso sind Tipps aus dem Familienalltag denkbar. Wenn Sie den Familien die Möglichkeit geben, anonyme Blogartikel zu verfassen, könnte dies auch die Bereitschaft erhöhen, von Problemen und Lösungen im Familienalltag zu berichten. Diese Einblicke bereichern wiederum die anderen Familien, die sich vielleicht in den Schilderungen wiederfinden und/oder auf diese Weise Unterstützung erhalten. Ebenso können Sie im Rahmen der Elternbildung Blogs und Podcasts dazu nutzen, um pädagogische Themen gezielt für die Familien aufzubereiten. So können die Familien auf ältere Einträge oder Episoden zurückgreifen, wenn das Thema bei ihnen gerade aktuell ist.

Wie mache ich einen Podcast?

Die Aufnahme eines Podcasts unterscheidet sich nicht wirklich von einer Sprachaufnahme im Kita-Alltag. Sie können dazu auch die bekannten Sprachaufzeichnungs-Apps oder PC-Programme nutzen. Jedoch sollten Sie bei einem Podcast ein größeres Augenmerk auf die Klangqualität legen. Dafür empfehlen sich spezielle Mikrofone, die Sie entweder an das Tablet oder an Ihrem Laptop anschließen können. Es gibt eine große Auswahl an Mikrofonen in verschiedenen Preissegmenten. Eine kleine Internetrecherche, welche Mikrofone für Podcasts aktuell empfohlen werden, ist in jedem Fall empfehlenswert.

Interne Veröffentlichung

- Als Datei in einem gesicherten Laufwerk hochladen
- In einem geschützten Bereich auf der Kita-Homepage hochladen

Externe Veröffentlichung

- Auf der Kita-Homepage frei zugreifbar einstellen
- Bei einem Streaming-Dienst (z.B. Spotify) einen Account anlegen und die Dateien hochladen --> Datenschutz beachten!

2.17 Den Tag des Kindes teilen

Die Bandbreite, um Familien einen Einblick in das Kita-Geschehen zu geben, ist groß. All diese Ansätze schaffen Transparenz und Vertrauen aufseiten der Familien. Neben dem allgemeinen Einblick in den Kita-Alltag können Sie auch gezielt Informationen mit einzelnen Familien teilen. Die Familien erfahren so, wie es ihrem Kind an dem jeweiligen Tag gegangen ist. Dabei können Sie neben Kurznachrichten auch Fotos, Videos oder Sprachaufnahmen des Kindes versenden.

> Wir erhalten stets am Ende der Woche in digitaler Form einen Rückblick darüber, was die Kinder gemacht haben. Das ist derzeit besonders wertvoll, da meine Tochter gerade nicht viel vom Kindergarten-Alltag erzählt bzw. erzählen möchte. So bekommen wir über die App mit, was die Kinder gemacht haben.
>
> *Elisabeth L., Mutter eines dreijährigen Kindes*

„Kleine Einblicke werden dadurch auch zu Gesprächsanlässen im Familienumfeld. Gerade bei Kindern, die von sich aus nicht viel vom Kita-Alltag erzählen (können), haben die Familien Ansatzpunkte, ihr Kind gezielt auf ein Erlebnis anzusprechen und es so ins Erzählen zu bringen. Zum anderen erhalten auch Elternteile bzw. Familienmitglieder, die kaum oder keine Möglichkeit haben, direkt in die Kita zu kommen, über die digitale Kommunikation einen Eindruck vom Kita-Leben" (Lepold, Lill & Tuffentsammer 2022, S. 71).

Am besten eignen sich dafür verschiedene Kita-Apps, die eine datenschutzkonforme Übertragung der Einblicke garantieren. Meist ist neben dem Versenden von Foto-, Sprach- oder Videoaufnahmen auch die Möglichkeit gegeben, eine kurze Notiz dazu zu verfassen. So können die Familien direkt die gesendeten Medien in einen entsprechenden Kontext einordnen. Das Versenden von Eindrücken aus dem Kita-Alltag kann Familien entlasten. Gerade in der Eingewöhnungszeit oder an Tagen, an denen sich ein Kind beim Bringen nur schwer lösen konnte, beruhigt es Familien, wenn sie sehen, dass es dem Kind gutgeht.

Greta geht seit einem Jahr in die Kita und ist dort gut eingewöhnt. Kürzlich hat sie einen kleinen Bruder bekommen. Nach einer Pause von zwei Wochen, die die Familie gemeinsam verbracht hat, geht Greta nun das erste Mal wieder in die Kita. Bei der Übergabe am Morgen kann sie sich kaum von ihrer Mutter, Frau Rohe, lösen und weint. Frau Rohe ist beunruhigt, da sie Greta nicht das Gefühl geben möchte, dass sie nun „abgeschoben" wird, und verlässt die Kita mit einem unsicheren Gefühl. Greta beruhigt sich nach kurzer Zeit in der Begleitung durch die Fachkraft, Frau Sciuk, und findet ins Spiel mit den anderen Kindern. Frau Sciuk holt das Tablet, um ein Foto von Greta zu machen. Anschließend schickt sie die Aufnahme über die Kita-App an Familie Rohe mit der Information, dass sich Greta innerhalb von zehn Minuten beruhigt hat und nun fröhlich mit den anderen Kindern spielt.

Nicht nur (audio-)visuelle Eindrücke können geteilt werden. Viele Kita-Apps enthalten auch Funktionen, die die Schlafens- und Wickelzeiten erfassen oder auch, wie das Kind an dem jeweiligen Tag gegessen hat. Für viele Familien ist es wichtig, diese Informationen zu ihrem Kind zu erhalten, da es ihnen Sicherheit vermittelt. Zudem fällt es ihnen dadurch leichter, sich auf den restlichen Tag einzustellen, wenn sie zum Beispiel wissen, wie das Kind geschlafen hat. Meist nimmt der Austausch über diese Eindrücke den größten Raum in Tür-und-Angelgesprächen beim Abholen des Kindes ein. Haben die Familien diese Informationen bereits vorab erhalten, so können die Tür-und-Angelgespräche für andere Inhalte zum Kind genutzt werden.

> Seitdem wir mit der Kita-App arbeiten, wissen die Familien viel besser Bescheid, und bis zum Abholen ist alles „Organisatorische" bereits erledigt. So haben wir viel mehr Zeit bei der Übergabe für das persönliche Gespräch mit den Familien, um uns auch über pädagogische Themen zu unterhalten.
>
> *Sophie E., Leiterin einer Kinderkrippe*

2.18 Entwicklungsdokumentation

Beobachtung und Dokumentation sind elementare Aufgaben von Kitas. Sie dienen dazu, die Interessen, Bedürfnisse, Stärken und Schwächen eines Kindes zu erkennen, um es bestmöglich begleiten und fördern zu können. Dabei ist der Abgleich von Perspektiven bedeutsam, um ein möglichst umfassendes Bild vom Kind zu erhalten. Neben dem Austausch, der innerhalb des Teams stattfindet, ist der Austausch mit den Familien bedeutsam.

Digitale Medien erweitern die rein schriftliche Beobachtung um einen multimedialen Ansatz. Neben Text können auch Fotos sowie Audio- und Videoaufnahmen miteinbezogen werden. Die Bildungs- und Entwicklungsdokumentation wird für die Familien dadurch greifbarer. So werden beim Betrachten eines Videos zum Beispiel die Feinheiten im kindlichen Handeln deutlicher. Und der Einsatz von Sprachaufnahmen lässt nicht nur die Kinder zu Wort kommen, sondern macht sowohl für die Fachkräfte als auch die Familien die Sprachentwicklung hörbar. Wenn gemeinsam auf ein Foto geblickt wird, eine Sprachaufnahme angehört oder ein Video betrachtet wird, schaffen Sie eine gemeinsame Basis. Gerade auch im Austausch mit Familien, die über geringe Deutschkenntnisse verfügen, ist diese multimediale Grundlage wertvoll.

Familie Krikow ist erst seit Kurzem in Deutschland und spricht nur wenige Worte Deutsch. Bisher fand die Kommunikation in gebrochenem Englisch statt. Ihr Sohn Mikkayl besucht seit zwei Monaten die Kita, und ein erstes Entwicklungsgespräch steht an. Der Fachkraft, Frau Regmann, ist es wichtig, der Familie zu zeigen, dass Mikkayl gut angekommen ist und seine soziale-emotionale Kompetenz in der Interaktion mit anderen Kindern deutlich wird. Hierfür hat sie im Gruppengeschehen eine Videoaufnahme von Mikkayl gemacht, wie er mit anderen Kindern spielt und James dabei hilft, die Jacke der Puppe zuzuknöpfen. Frau Regmann zeigt Familie Krikow das Video mit einem Lächeln. Auch Mikkayl ist dabei und strahlt über das ganze Gesicht, als er das Video sieht. Er fängt an, mit seinen Angehörigen in der Familiensprache zu sprechen, woraufhin die Familienmitglieder ebenfalls lächeln und Frau Regmann zustimmend zunicken.

Wenn Sie digitale Medien für Entwicklungsgespräche heranziehen, ist es wichtig, dass Sie vorab eine sorgfältige Auswahl treffen. Überlegen Sie, welche Foto-, Video- oder Sprachaufnahme Sie zeigen möchten und was Sie damit vermitteln wollen. Die Auswahl kann auch gemeinsam mit dem Kind getroffen werden; so kann die Stimme des Kindes gestärkt werden.

Eine weitere Möglichkeit, digitale Medien im Rahmen der Entwicklungsdokumentation zu nutzen, ist das Teilen von dokumentierten Beobachtungen. Jedoch sei hier erwähnt, dass beim Teilen von Beobachtungen besondere Vorsicht geboten ist. So ist es wichtig, dass den Familien der Kontext klar ist. Das bedeutet, dass die Beobachtungen, die Sie teilen, auch ohne eine pädagogische Begleitung verständlich sind und keine Missverständnisse erzeugen.

Anhand der Foto-, Video und Tonaufnahmen können die Familien die Bildungs- und Entwicklungsprozesse erfassen und mit den Fachkräften darüber ins Gespräch kommen. Schickt die Kita zum Beispiel eine Video von einer Situation, in der das Kind über einen längeren Zeitraum ein Puzzle gelegt hat, können die Familien und Fachkräfte sich darüber austauschen, welche Kompetenzen das Kind dabei genutzt hat und wie sich diese über die Zeit hinweg entwickelt haben. Wenn Sie den Familien regelmäßig Einblick in die Entwicklung ihres Kindes in der Kita geben, schaffen Sie für die Entwicklungsgespräche eine andere

Grundlage. Sie können auf die Inhalte, die den Familien bereits bekannt sind, aufbauen und müssen sozusagen nicht „von vorne“ beginnen.

Die Fachkraft, Frau Schredder, beobachtet Carlos bereits seit einigen Tagen dabei, wie er versucht, die Kletterwand zu erklimmen. Er versucht es immer wieder und ist sehr engagiert bei der Sache. Schließlich schafft er es, die ersten Züge zu meistern und Stück für Stück weiter emporzuklettern. Diese Beobachtung dokumentiert die Fachkraft schriftlich und hält sie mit Fotos und Videos fest. Carlos möchte das Video gerne seinen Vätern schicken, was Frau Schredder mit ihm zusammen gleich macht. Anschließend erstellt sie von der Situation eine Bildungs- und Lerngeschichte für Carlos und legt diese gemeinsam mit ihm in seinem Portfolio ab. Kurze Zeit darauf findet ein Entwicklungsgespräch statt. Dabei greift Frau Schredder das Video von Carlos auf, um seinen Vätern den Entwicklungsprozess zu veranschaulichen.

3. Einführung der digitalen Zusammenarbeit mit Familien

In diesem Kapitel erfahren Sie

- wie die digitale Zusammenarbeit mit Familien in der Einrichtung implementiert wird
- welche Überlegungen und Schritte bei der Einführung notwendig sind
- wie der zeitliche Ablauf der Implementierung aussehen kann
- wie Träger, Team und Familien an der Einführung beteiligt werden können

Um mit Familien digital gut zusammenzuarbeiten, sind eine genaue Planung sowie umfassende, reflexive und kollegiale Vorarbeit nötig. Nachfolgend finden Sie Anregungen und Unterstützungsideen, die sich in der Praxis bewährt haben.

3.1 Zeitleiste

Die nachfolgende Abbildung zeigt den idealtypischen Ablauf einer Einführung der digitalen Zusammenarbeit. Auch wenn in der Praxis die Schritte nicht immer in dieser Reihenfolge umgesetzt werden können, ist es gewinnbringend, sich mit den einzelnen Bausteinen zu befassen. Einrichtungen, die bereits in der Umsetzung sind, können die für sie relevanten Aspekte herausgreifen.

Zu Beginn des Einführungsprozesses stehen die Projektplanung und -vorbereitung, die Bildung eines Projektteams, die Zeitplanung sowie die Beteiligung des Elternbeirates im Mittelpunkt (siehe hierzu ausführlich Kapitel 3.2). Im Fokus der Klärungsphase sind die Evaluation der unterschiedlichen Bedarfe von Kita, Team und den Familien, die Zieldefinition und das Ausprobieren verschiedener Anwendungen (siehe hierzu ausführlich Kapitel 3.3). Im weiteren Verlauf der Einführung gilt es dann, Richt- und Leitlinien für das Team und die Familien zu erarbeiten (siehe hierzu ausführlich Kapitel 3.4). Basierend auf diesen Vorarbeiten schließt sich dann die eigentliche Einführungs- und Umsetzungsphase an, in der es neben der Schaffung von strukturellen Rahmenbedingungen und der Anschaffung der Ausstattung auch darum geht, das Team zu schulen und die Familien umfassend zu informieren (siehe hierzu ausführlich Kapitel 3.5). Darauf folgen die Reflexion der ersten Umsetzungsschritte und die gemeinsame Weiterentwicklung sowie die Verstetigung der digitalen Zusammenarbeit mit dem Team und den Familien (siehe hierzu ausführlich Kapitel 3.6).

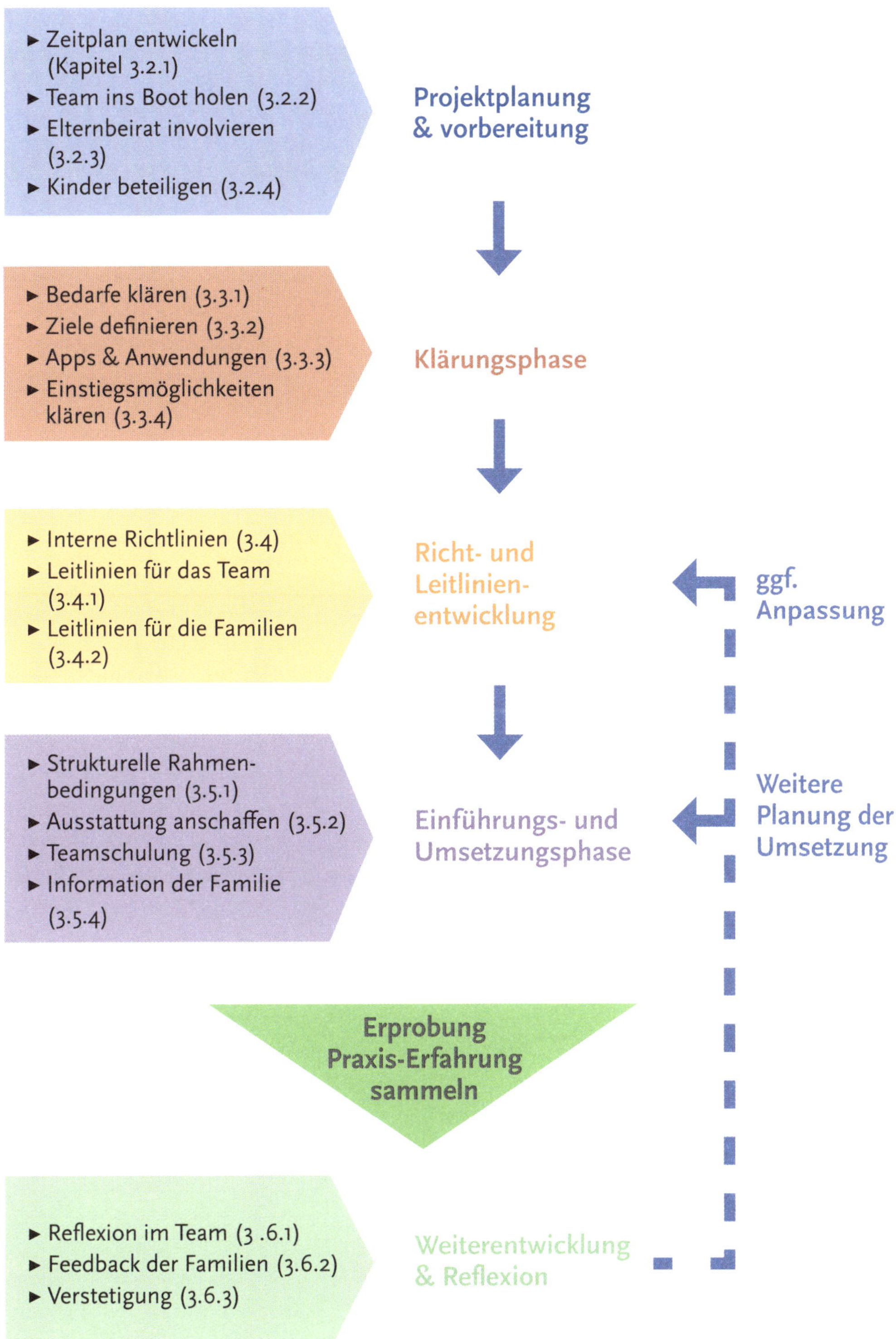
► Zeitplan entwickeln (Kapitel 3.2.1)
► Team ins Boot holen (3.2.2)
► Elternbeirat involvieren (3.2.3)
► Kinder beteiligen (3.2.4)
Projektplanung & vorbereitung
► Bedarfe klären (3.3.1)
► Ziele definieren (3.3.2)
► Apps & Anwendungen (3.3.3)
► Einstiegsmöglichkeiten klären (3.3.4)
Klärungsphase
► Interne Richtlinien (3.4)
► Leitlinien für das Team (3.4.1)
► Leitlinien für die Familien (3.4.2)
Richt- und Leitlinien-entwicklung
ggf. Anpassung
► Strukturelle Rahmen-bedingungen (3.5.1)
► Ausstattung anschaffen (3.5.2)
► Teamschulung (3.5.3)
► Information der Familie (3.5.4)
Einführungs- und Umsetzungsphase
Weitere Planung der Umsetzung
Erprobung Praxis-Erfahrung sammeln
► Reflexion im Team (3 .6.1)
► Feedback der Familien (3.6.2)
► Verstetigung (3.6.3)
Weiterentwicklung & Reflexion

3.2 Projektplanung und -vorbereitung

Die Basis für eine erfolgreiche Einführung der digitalen Zusammenarbeit mit Familien bildet eine durchdachte Projektorganisation, die von der Einrichtungsleitung oder dem Träger zu initiieren ist. Die Projektorganisation umfasst die Planung der zeitlichen, strukturellen und personellen Rahmenbedingungen sowie die Klärung von Zuständigkeiten.

> Bei der Einführung der digitalen Zusammenarbeit mit Familien hat uns sehr geholfen, dass wir immer eine:n Ansprechpartner:in hatten, an welche:n wir uns mit unseren Fragen wenden konnten.
>
> *Sophie E., Leiterin einer Kinderkrippe*

3.2.1 Zeitplan entwickeln

Im ersten Schritt ist es notwendig, die großen Meilensteine der Einführung zu definieren, um diese dann in einen groben Zeitplan überführen zu können. Bei einem groben Zeitplan geht es noch nicht darum, feste Tage und Fristen zu definieren, sondern größere Zeitfenster, in denen bestimmte Dinge passieren sollen. Die Einführung digitaler Zusammenarbeit mit Familien kann für Einrichtungen ein großer Veränderungsprozess sein, gerade dann, wenn die Arbeit mit einer Kita-App aufgenommen wird. Planen Sie daher die einzelnen Phasen mit zeitlichem Puffer. So können Sie der Gefahr entgegenwirken, dass Projektschritte zulasten der Qualität beschleunigt werden müssen. Dieser erste grobe Zeitplan dient dazu, das Gesamtteam zu informieren und so einen Ausblick auf den weiteren Verlauf zu geben.

Mögliche **Meilensteine** können sein:
- Start der Arbeit in der Projektgruppe
- Information des Elternbeirates
- Entscheidung für ein/mehrere digitale Tools
- Schulung des Teams
- Information der Familien
- Beginn der Umsetzung der digitalen Kommunikation

Nachdem das Projektteam gebildet ist (siehe Kapitel 3.2.3), sollte nach und nach ein detaillierter Zeitplan für die Einführung der digitalen Zusammenarbeit festgelegt werden. Es muss definiert werden, wann welche Schritte vorgenommen werden und wie der Prozess konkret gestaltet werden soll.

Planen Sie eine ausführliche Phase für die Erprobung verschiedener Anwendungen ein. Das praktische Ausprobieren hilft Ihnen, das für Ihre Einrichtung passende Tool zu finden. Bedenken Sie bei der Festlegung der Zeitfenster Kita-Schließzeiten und Urlaubsphasen. Erfahrungsgemäß brauchen Sie in diesen Phasen mehr Zeit und Puffer.

3.2.2 Das Team ins Boot holen

Für die Bearbeitung des Themas sollte das Team von Anfang an mit ins Boot geholt werden. Im ersten Schritt geht es darum, zu informieren, was seitens der Leitung oder des Trägers angedacht ist, wie es weitergeht und bis wann eine Einführung in etwa geplant ist. Ziel ist es, das gesamte Team auf einen Wissensstand zu bringen, um so Unsicherheiten zu reduzieren. Der erste Termin dient dabei eher zur Information, damit sich die Mitarbeiter:innen mit dem Thema vertraut machen können. Mit diesem ersten Anstoß beginnt das Team, zu dem Thema Gedanken zu entwickeln und sich inhaltlich damit auseinanderzusetzen. Beim zweiten Termin können Fragen, Meinungen und Widerstände besprochen werden. Hier ist es wichtig, ausreichend Zeit einzuplanen, damit sich alle Mitarbeiter:innen gehört fühlen, Unsicherheiten und Ängste Raum finden und sich lösen können.

Digitale Medien, Mediennutzung und Medienkonsum werden im frühpädagogischen Bereich oftmals sehr kritisch beleuchtet und negativ bewertet. Denn pädagogische Fachkräfte beobachten täglich die Auswirkungen des Medienkonsums bei den Familien und Kindern und möchten diese Aktivitäten in der Kita eher minimieren. Es braucht Zeit, damit sich kritische Mitarbeiter:innen mit der Umsetzung der digitalen Zusammenarbeit mit Familien auseinandersetzen und nach und nach eine positive Einstellung dazu entwickeln können. Dazu ist es hilfreich, sich mit der eigenen Medienbiografie und dem eigenen Medienverhalten auseinanderzusetzen.

Reflexion: Medienbiografie und Medienverhalten

Ziel: Reflexion der Werte, Einstellungen und Erfahrungen

Durchführung: Jedes Teammitglied sucht sich einen ruhigen und ungestörten Platz in der Einrichtung und beschäftigt sich mit den folgenden Fragen.

Medienbiografie:

- Wann bin ich digitalen Medien das erste Mal begegnet?
- Was waren meine Gefühle und Gedanken dazu?
- Welche besonderen Momente habe ich im Zusammenhang mit digitalen Medien erlebt?
- Welche Medien habe ich früher gerne genutzt und warum?

Medienverhalten:

- Welche Rolle spielen digitale Medien in meinem Alltag und welche Funktion erfüllen sie?
- Welche Medien nutze ich sehr häufig und warum?
- Was ist mir in Bezug auf mein eigenes Medienverhalten wichtig?

Anschließend trifft sich das Team wieder im Plenum und tauscht sich über die jeweiligen Überlegungen aus. Anhand dieser Reflexion werden folgende Fragen gemeinsam bearbeitet:

- Was ist uns in Bezug auf unser Medienverhalten in der Kita wichtig?
- Worauf wollen wir bei der Umsetzung der digitalen Zusammenarbeit mit Familien achten?
- Welchen Nutzen haben unserer privates Medienverhalten und das berufliche Medienverhalten und worin unterscheiden sie sich?

Sobald sich die Teammitglieder mit dem Thema auseinandergesetzt haben, kann abgesprochen werden, wer sich gerne im Projektteam engagieren möchte. Es sollte zu jedem Zeitpunkt des Prozesses immer klar sein, wer welche Aufgabe und Rolle hat. Sobald das Projektteam besetzt ist, wird diese Aufgabenverteilung im Team kommuniziert. Eine der ersten Aufgaben des Projektteams besteht darin, den detaillierten Projektplan zu entwickeln. Sobald dieser erarbeitet ist, sollte ein kurzes Zeitfenster, zum Beispiel im Rahmen der Teambesprechung, eingerichtet werden, um immer wieder alle Beteiligten auf einen Stand zu bringen.

Es ist enorm wichtig, dass alle Mitarbeiter:innen jederzeit über den Stand des Einführungsprozesses Bescheid wissen und die Möglichkeit haben, sich mit einzubringen. Werden für die pädagogischen Fachkräfte Handlungs- und Beteiligungsmöglichkeiten geschaffen, kann dies dazu beitragen, dass sie nicht das Gefühl entwickeln, etwas werde über ihren Kopf hinweg und ohne ihr Zutun entschieden.

Wie bereits kurz beschrieben, ist bei solch einem Prozess oft mit Widerständen einzelner Teammitglieder oder auch des ganzen Teams zu rechnen. Die Umstellung von der analogen Zusammenarbeit mit Familien zur digitalen Zusammenarbeit ist für die pädagogischen Fachkräfte einschneidend und wirkt sich auf die kompletten Abläufe und Strukturen in der Kita aus. Dies führt ganz automatisch zu Verunsicherungen und Ängsten, denen zu jedem Zeitpunkt des Prozesses Raum gegeben werden muss. Weiter ist es hilfreich, wenn sich die Einrichtungsleitung der Bedeutsamkeit von Widerständen bewusst ist und diese auch proaktiv in den Prozess mit einbezieht (siehe Seite xxx). Die Art des Widerstandes kann auch davon beeinflusst werden, von welcher Seite die Einführung der digitalen Zusammenarbeit angestoßen worden ist. Wurde die Entscheidung dazu vom Träger oder der Einrichtungsleitung getroffen, verursacht das andere Effekte und Stimmungen als eine Teamentscheidung. .

Umgang mit Widerständen im Team

Wird dem Team eine neue Idee präsentiert, stößt das nicht immer auf ungebremste Begeisterung. Statt kreativer Vorschläge ernten wir eine Vielzahl von „Abers". Immer wieder scheitert die Umsetzung von Ideen. Doch meistens scheitert die Realisierung der Ideen nicht an den Widerständen selbst, sondern am falschen Umgang mit den Widerständen.

Doch was ist eigentlich ein Widerstand? „Von Widerstand kann immer dann gesprochen werden, wenn vorhergesehene Entscheidungen oder getroffene Maßnahmen, die auch bei sorgfältiger Prüfung als sinnvoll, logisch oder sogar dringend notwendig erscheinen, aus zunächst nicht ersichtlichen Gründen auf diffuse Ablehnung stoßen, nicht unmittelbar nachvollziehbare Bedenken erzeugen oder durch passive Verhalten unterlaufen werden" (Doppler 2008, S. 24).

Widerstand zeigt sich vor allem in Emotionen wie Angst, Bedenken oder Befürchtungen und weniger in logischen Argumenten und sachlichen Überlegungen. Die Ursachen für die Entstehung von Widerständen können ganz unterschiedlich sein: Beteiligte haben die Zielsetzung und Hintergründe für die Veränderung nicht verstanden. Genauso kann es aber auch sein, dass sie zwar verstanden haben, worum es geht, aber dem Gehörten keinen Glauben schenken. Am häufigsten wollen die Betroffenen die Veränderung nicht mittragen, weil sie sich keine positiven Konsequenzen erwarten – und mit dieser Situation ist leider auch am schwierigsten umzugehen.

Wesentlich für den Umgang mit Widerständen ist die offensive und offene Kommunikation. Die Leitung sollte den aktiven Part übernehmen und die Betroffenen über die Veränderung informieren. Nur so können Unsicherheiten und Ungewissheit reduziert werden. Werden Mitarbeiter:innen bereits früh im Veränderungsprozess ganz offen nach ihren Befürchtungen und Erwartungen befragt, so können Widerstände rechtzeitig mit den Beteiligten besprochen und aufgelöst werden.

Die Auseinandersetzung mit Widerständen ist ein unvermeidbarer Teil in Veränderungsprozessen. Darauf gilt es ein besonderes Augenmerk zu legen, denn Erfolg oder Misserfolg einer Veränderung wird maßgeblich durch den Umgang mit den auftretenden Widerständen entschieden.

3.2.3 Projektteam bilden

Damit der Prozess der Einführung der digitalen Zusammenarbeit gelingen kann, braucht es Verantwortliche. Es empfiehlt sich, dass die Einrichtungsleitung fest in den Prozess mit eingebunden ist und stets den aktuellen Stand kennt. Weiter ist es sinnvoll, dass ein bis zwei Fachkräfte sich mit dem Thema vertraut machen und dann als Expert:innen fungieren. So liegt die Umsetzung der Einführung nicht komplett bei der Einrichtungsleitung und die verantwortlichen Teammitglieder können die Umsetzung im pädagogischen Alltag immer wieder überprüfen. Ebenso kann es unterstützend sein, ein bis zwei Elternbeirats- oder Familienmitglieder in das Projektteam zu integrieren, um immer die Sicht der Familien mit einbeziehen zu können. Achten Sie jedoch darauf, dass das Projektteam insgesamt nicht zu groß wird. Dann besteht nämlich die Gefahr, dass Abstimmungsprozesse und Terminfindungen lange dauern und das Team so nur schwer ins Handeln kommt.

> Die Einrichtungsleitung sollte immer in den Prozess der digitalen Zusammenarbeit mit Familien mit eingebunden sein und immer über den aktuellen Stand Bescheid wissen. Denn nur so kann der Prozess gesteuert und weiterentwickelt werden.
>
> *Franzi H., Multiplikatorin Kita-App bei einem großen Träger*

Bei der Besetzung des Projektteams gibt es unterschiedliche Vorgehensweisen. Entweder bringen sich die Mitarbeiter:innen, die dem Thema offen und interessiert gegenüberstehen und Lust darauf haben, ein. Oder die Leitung wählt bewusst eine Mischung aus begeisterten und kritischen Mitarbeiter:innen. Bei der zweiten Variante dauern die Diskussionen und damit auch der Projektverlauf in aller Regel länger, da mehr Punkte besprochen und ausgehandelt werden müssen. Dafür sind die Ergebnisse aus mehreren Perspektiven umfassend diskutiert und halten dann meist auch anderen kritischen Mitarbeiter:innen gegenüber stand.

Weiter sollten innerhalb des Projektteams die Zuständigkeiten geklärt werden:

- Wer begleitet diesen Prozess maßgeblich?
- Wer koordiniert diesen Prozess?
- Wer ist Ansprechpartner:in für die Familien?
- Wie wird der Elternbeirat mit einbezogen?
- Wer ist Ansprechpartner:in für den Elternbeirat?

Alle diese Fragen müssen vorab beantwortet werden, damit die Mitarbeiter:innen, die Familien und alle weiteren Beteiligten konsequent mit einbezogen werden.

Das Projektteam sollte sich in regelmäßigen Abständen treffen und über den aktuellen Stand, die Ideen zur Weiterentwicklung und auch die Stolpersteine sprechen. Die Abstimmung erfolgt immer anhand des zuvor erstellten Projektplans. Je nach Bedarf kann dieser jederzeit nachjustiert werden.

3.2.4 Elternbeirat involvieren

Schon vor der Einführung sollten die Mitglieder des Elternbeirates in die Überlegungen und Planungen mit einbezogen werden. Sie können dabei unterstützen, die Blickwinkel der Familien einzubeziehen. Sobald der grobe Zeitplan steht und das Team informiert ist, sollte eine erste vertrauliche Information an die Elternbeiratsmitglieder kommuniziert werden. Zeigen Sie hier auf, welche Schritte geplant sind und welche Kolleg:innen im Projektteam das Thema begleiten. Erfragen Sie die Ideen und gegebenenfalls Bedenken, die es nach dieser ersten Information vonseiten des Elternbeirates gibt. Falls es gewünscht ist, können Sie eine:n Vertreter:in des Elternbeirates auch in das Projektteam aufnehmen. So wird die Sichtweise der Familien von Anfang einbezogen.

Insbesondere wenn Sie eine Befragung der gesamten Elternschaft planen, muss der Elternbeirat darüber informiert sein. Optimal ist bei einer solchen Familienbefragung, den Elternbeirat direkt mit einzubeziehen.

Bei der konkreten Einführung kann es hilfreich sein, die Ideen für die Umsetzung der digitalen Zusammenarbeit mit Familien vorab mit Mitgliedern aus dem Elternbeirat auszuprobieren. So können schon vor der Umsetzung Stolpersteine erkannt werden und ein Bewusstsein für mögliche auftretende Fragen und Unsicherheiten entstehen.

Auf jeden Fall gilt es, den Elternbeirat im weiteren Einführungsprozess regelmäßig auf dem Laufenden zu halten. Vereinbaren Sie hierfür regelmäßige Rücksprachetermine, bei denen das Projektteam über die Fortschritte informiert.

3.2.5 Die Kinder beteiligen

Auch die Kinder spielen in dem Prozess der Einführung eine entscheidende Rolle. Es gilt, den Kindern gegenüber Transparenz zu schaffen: Die Kinder haben ein Recht auf Information, was mit der Familie geteilt wird, und müssen mitentscheiden können, ob und was weitergegeben wird. Dies kann dabei helfen, das „gläserne Kind" zu vermeiden.

Es ist sinnvoll, sich in diesem Zusammenhang mit folgenden Fragestellungen zu beschäftigen:

- Welche Vorteile bringt die Einführung der digitalen Zusammenarbeit für die Kinder?
- Wie können die Kinder mit einbezogen werden?
- Welche Mitsprachemöglichkeiten und Bedürfnisse haben die Kinder?
- Wie kann erreicht werden, dass die Bedürfnisse und Interessen der Kinder immer im Mittelpunkt stehen?
- Wie kann das „gläserne Kind" vermieden und die Privatsphäre der Kinder geschützt werden?
- Auf welche Weise sind die Kinder immer darüber informiert, was mit den Familien geteilt wird?

> Die Kinder wurden aktiv miteinbezogen. Es wurden gemeinsame Regeln zur Nutzung digitaler Geräte in den Gruppen erstellt. Trotzdem können die Kinder sich ausprobieren und ihre eigenen Erfahrungen machen.
>
> *Sylvia S., Leiterin eines Kindergartens*

3.3 Klärungsphase

Digitale Zusammenarbeit mit Familien entfaltet dann ihr volles Potenzial, wenn vor der Einführung genau und umfassend im Team und mit den Familien die Bedarfe erarbeitet und gemeinsame Ziele formuliert werden. Eine ausführliche Ausprobierphase bildet die Basis, um aus der Vielzahl der digitalen Anwendungen und Apps das oder die passenden Angebote für die eigene Kita zu finden.

3.3.1 Bedarfe klären

Nur wer die verschiedenen Bedarfe kennt, kann auch die passenden digitalen Kommunikationswege finden. Dazu wird neben dem Blickwinkel der pädagogischen Fachkräfte unbedingt auch die Perspektive der Familien benötigt.

Team- bzw. Kita-Bedarfe evaluieren

Mittels der Bedarfsanalyse kann geklärt werden, wie alle Familien in der Kita erreicht und die jeweiligen Bedürfnisse und Voraussetzungen der Familien in den Prozess mit integriert werden. Dabei wird deutlich, dass jede Familie unterschiedliche Bedürfnisse und Voraussetzungen hat. Die eine Familie möchte möglichst viel Einblick in den Kita-Alltag haben, anderen Familien genügt eine gute Vertrauensbasis. In Kindertageseinrichtungen gibt es Familien mit unterschiedlichen Bildungsniveaus. Weiter gibt es Familienmitglieder, die sich beim Lesen und Schreiben schwertun. Bei der Klärung der Bedarfe muss immer bewusst sein, dass es nie nur eine bestimmte Zielgruppe von Familien gibt. Auch wenn ähnliche Bedürfnisse zu erkennen sind, ist jede Familie einzigartig und hat damit auch einzigartige Voraussetzungen und Bedarfe. Es muss immer jede einzelne Familie in den Blick genommen werden. Folgende Reflexionsfragen sind dabei hilfreich:

- Welche Familien mit welchen Ressourcen und Hintergründen werden in unserer Einrichtung betreut?
- Welche Bedürfnisse haben die Familien in der Zusammenarbeit?
- Welche Erwartungen haben die Familien an die digitale Zusammenarbeit?
- Welchen Nutzen hat die Einführung der digitalen Zusammenarbeit – sowohl für die Kita als auch für die Familien?
- Wie kann die Kita Familien mit einem hohen Bildungsanspruch gerecht werden und bildungsbenachteiligte Familien gleichermaßen ansprechen?

Familienbefragung

Um die Bedarfe der Familien treffend herauszufinden, ist es hilfreich, eine Befragung vorzunehmen. So wird von Anfang an die Perspektive der Familien mit einbezogen und es können gleich die passenden Instrumente für die Einführung ausgewählt werden. Dafür gilt es herauszufinden, welche Lücken Familien bei den aktuellen Kommunikationswegen sehen und wo sich die Kommunikation für sie umständlich gestaltet. Ebenso können auch die Methoden der aktuellen Zusammenarbeit mit Familien und die Zufriedenheit damit erfragt werden, um gut funktionierende Ansätze in den Prozess mit einzubeziehen. Bei der Suche nach passenden Fragen ist es hilfreich, den Projektplan als Wegweiser zu nutzen und die Fragen gemeinsam mit dem Elternbeirat festzulegen. Bei der Auswertung der Befragung können die Antworten gleich in den Prozess der Einführung adaptiert werden.

3.3.2 Ziele definieren

Die Einführung der digitalen Zusammenarbeit mit Familien bietet die Möglichkeit, die bestehenden Kommunikationswege auf den Prüfstand zu stellen und gegebenenfalls weiterzuentwickeln. Bevor konkret mit der Einführung begonnen wird, müssen die Ziele definiert werden:

- Was wollen wir in der Einrichtung durch die digitale Zusammenarbeit mit Familien erreichen?
- Welche Ziele haben wir zu welchem Zeitpunkt/bei welchem Projektschritt?
- Wie können wir diese Ziele erreichen?
- Wie können wir alle Familien in den Prozess der Einführung einbinden?
- Welche Erwartungen haben die Familien?
- Was müssen wir dabei beachten?

Damit die Ziele umgesetzt werden können, müssen alle wesentlichen Aspekte deutlich und präzise formuliert werden. So kann nachvollzogen werden, inwiefern die Ziele erreicht wurden.

Ziele SMART formulieren

Eine gängige Vorgehensweise zur Zielformulierung ist die SMART-Methode. Sie leitet uns an, Ziele so zu formulieren, dass sie auch überprüfbar sind. Bei den Beteiligten soll der Wunsch erzeugt werden, die Ziele erreichen zu wollen. Die Ziele sind dabei das gewünschte Ergebnis. Erreichte Ziele lassen sich identifizieren und feiern, wenn sie SMART formuliert sind:

Spezifisch	spezifisch, konkret: wie ein Bild, das die Zielerreichung erkennbar darstellt
Messbar	nachprüfbar: einen Endzustand beschreiben, der messbar ist
Ansprechend	positiv formuliert: positive Begründungen für die Auswahl der Ziele und die Zielerreichung geben
Realistisch	selbst erreichbar, tatsächlich möglich: Mittel und Ressourcen benennen, die zur Zielerreichung nötig sind
Terminiert	Zeiten festlegen: Zielerreichung und Zwischenschritte bzw. Meilensteine klar terminieren

3.3.3 Apps und Anwendungen kennenlernen und ausprobieren

Ein wichtiger Schritt bei der Einführung digitaler Zusammenarbeit ist die Beschäftigung mit den unterschiedlichen digitalen Anwendungen, die zur Verfügung stehen. Für viele kostenpflichtige Anwendungen gibt es für einen gewissen Zeitraum Testversionen. Nutzen Sie dieses Angebot, um zu prüfen, ob die Anwendung zu den Anforderungen, Bedarfen und Zielsetzungen Ihrer Einrichtung passt. Dafür ist es wichtig, dass Sie sich bereits im Vorfeld über diese Aspekte verständigt haben. Ebenso gilt es zu prüfen, ob die Anwendungen den aktuell gültigen Datenschutzanforderungen des Landes sowie des Trägers entsprechen. Nehmen Sie sich Zeit, die Anwendungen auszuprobieren. Wenn Sie verschiedene Anwendungen im Auge haben, ist es sinnvoll, jeweils Kleingruppen eine Anwendung testen zu lassen und sich dann im Projektteam über die Eindrücke und Erfahrungen auszutauschen. Wenn Elternbeirats- oder Familienmitglieder Teil des Projektteams sind, sollten diese unbedingt in das Ausprobieren einbezogen werden. Können Sie auf die Familienbeteiligung nicht zurückgreifen, sollte ein Teammitglied die Elternseite der Anwendung testen. So können Sie erfahren, wie die Bedienung für die Familien abläuft und welche Funktionalitäten zur Verfügung stehen.

Folgende Fragestellungen können bei der Auseinandersetzung mit Anwendungen und Apps hilfreich sein:

- Was bietet uns die Anwendung?
- Bildet sie unsere Bedarfe ab?
- Erfüllt die Software die DSGVO-Anforderungen? Werden die Daten auf Servern in Deutschland gespeichert?

- Wie gefällt uns die grafische Umsetzung?
- Ist die Software (intuitiv) verständlich?
- Welche Informationen werden benötigt?
- Was lässt sich mit der Software umsetzen? Was davon soll vor Ort nutzbar sein?
- Welche Möglichkeiten bietet die Software für den Einsatz im pädagogischen Alltag?
- Welche Funktionen stehen auf der Familienseite zur Verfügung?
- Ist ein situativer Umgang mit der zur Anwendung der Software empfohlenen Technik möglich?
- Welche Kosten entstehen?

3.3.4 Möglichkeiten des Einstiegs klären

Projektteam und Gesamtteam erarbeiten anhand der Bedarfe und Ziele die für die Kita geeigneten Formen der digitalen Zusammenarbeit. Zudem halten Sie fest, was ganz bewusst nicht digital gemacht werden soll und aus welchem Grund. Werden mehrere Formen der digitalen Zusammenarbeit oder eine Kita-App eingeführt, sollte für eine erfolgreiche und nachhaltige Einführung schrittweise vorgegangen werden. Dies kann sich auf den Funktionsumfang beziehen, aber auch darauf, ob die Einführung in einer ausgewählten Gruppe oder der gesamten Kita startet.

Eine Einführung mehrerer digitaler Kommunikationsformen gleichzeitig bzw. aller Funktionen einer Kita-App von Anfang an kann die Organisation überfordern. Eine schrittweise Einführung dagegen ermöglicht Fachkräften und Familien, nach und nach Sicherheit zu gewinnen, die Umsetzung zu erproben und zu verstetigen.

Listen Sie auf, welche Formen oder Funktionen der Kita-App langfristig nutzbar sein sollen. Überlegen Sie dann gemeinsam, welche Elemente sehr einfach in der Anwendung sind und bei welchen Bereichen vielleicht ein umfangreicherer Einführungsbedarf besteht. Ein neues Element für die digitale Zusammenarbeit sollte immer dann eingeführt werden, wenn sich das vorhergehende erfolgreich etabliert hat. So dauert der Prozess der Einführung zwar länger, die einzelnen Elemente sind jedoch dann sicher etabliert. Bei einem schnelleren Vorgehen besteht die Gefahr, dass sich, je nach persönlicher Neigung oder Können, Fachkräfte und Familien einzelne Elemente herausrauspicken und andere hintanstehen lassen – ein ganz automatischer Vorgang, um Komplexität zu reduzieren.

Folgende Reflexionsfragen können unterstützen:

- Welche Formen bzw. Funktionen sind für den Start am sinnvollsten?
- Wo docken Funktionalitäten gut an dem an, was auf analogem Weg schon passiert?
- Wo ist vielleicht der Druck seitens der Familien oder der pädagogischen Fachkräfte hoch und die digitale Zusammenarbeit könnte Erleichterung bringen?

Im Projektteam sollte außerdem entschieden werden, in welchem Rahmen mit der Einführung begonnen wird. Eine Möglichkeit ist der Start mit einer Pilotgruppe. Die digitale Zusammenarbeit wird also nicht gleich mit allen Familien umgesetzt, sondern nur mit einer Gruppe von ihnen. Wählen Sie zur Begleitung dieses Weges am besten pädagogische Fachkräfte aus, die dem Thema offen und positiv gegenüberstehen oder vielleicht schon aktiv im Projektteam mitgearbeitet haben.

Dieser Weg kann sinnvoll sein, um praktische Erfahrungen zu sammeln, die dann genutzt werden, um die anderen pädagogischen Fachkräfte und Familien an Bord zu holen. Erleben Sie die Familien als sehr kritisch bei diesem Thema, ist dieser Weg ratsam. Bei einem Familienabend können die Familien der Pilotgruppen dann den anderen berichten, wie die Abläufe sind, welche Erfahrungen, Mehrwerte und auch Probleme sie erlebt haben. In der Regel werden diese Rückmeldungen sehr gut angenommen und können unterstützen, Vorbehalte zu reduzieren.

Die Fachkräfte können ihre Erfahrungen teamintern weitergegeben und so die Kolleg:innen unterstützen, wenn die Einführung auf weitere Gruppen ausgeweitet wird. Die pädagogischen Fachkräfte der Pilotgruppe sind dann auch für das Team Ansprechpartner:innen und Unterstützer:innen im Alltag.

> Ich empfand das Team als hilfreich und unterstützend bei offenen Fragen bei der Umsetzung. Das war sehr schön, den Zusammenhalt im Team zu spüren und zu haben.
>
> *Cornelia A., Kita-Fachkraft*

Legen Sie im Zeitplan fest, wie lange die Pilotphase dauern und wann die Einbeziehung der anderen Gruppen erfolgen soll. Diese Informationen benötigen Sie für die Planung und die Information von Fachkräften und Familien.

Es kann sein, dass seitens der Familien und/oder pädagogischen Fachkräften ein hoher Bedarf nach Umsetzung der digitalen Zusammenarbeit besteht. In diesem Fall kann selbstverständlich auch gleich die gesamte Einrichtung involviert werden. Zudem bietet sich bei manchen Formen der digitalen Zusammenarbeit eine schrittweise Einführung nicht an, wie zum Beispiel bei der Umstellung auf digitale Listen.

3.4 Richt- und Leitlinienentwicklung

Für eine erfolgreiche Umsetzung der digitalen Zusammenarbeit mit Familien sollten klare interne Richtlinien sowie Leitlinien für das Team und die Familien formuliert werden. Richtlinien sind – anders als Leitlinien – für die Mitarbeiter:innen verpflichtend. Solche Regelungen dienen dazu, unerwünschter Nutzung vorzubeugen, und machen für alle unmissverständlich klar, welche Grenzen gelten.

Hier einige Anregungen für **interne Richtlinien:**

- Außerhalb der Kita-Öffnungszeiten werden keine Nachrichten an Familien verschickt oder beantwortet.
- Kritische Themen werden immer im persönlichen Gespräch geklärt.
- Auf privaten Endgeräten dürfen keine Dateien und Informationen über und von den Familien gespeichert werden.
- Es gibt allgemeine Vorgaben, mit welchen Anwendungen gearbeitet wird.
- Geräte, auf denen personenbezogene Daten gespeichert sind, müssen außerhalb der Öffnungszeiten in einem abschließbaren Schrank aufbewahrt werden.
- Tablets und digitale Medien sind ausschließlich zu dienstlichen Zwecken zu nutzen. Die Nutzung für private Zwecke ist untersagt.
- Digitale Endgeräte dürfen nur mit sicheren und bekannten Netzwerken verbunden werden. Hotspots / offene Netzwerke dürfen in keinem Fall genutzt werden.
- Alle Geräte sind mit Passwort geschützt, damit Unberechtigte keinen Zugriff haben.
- Passwörter sind geheim zu halten. Dritte dürfen keine Einsicht haben. Passwörter dürfen nicht weitergeben werden. Sie müssen regelmäßig (z.B. alle 6 Wochen) geändert werden.

In die Entwicklung der Richtlinien sollte gegebenenfalls auch der Träger einbezogen werden. Die finalen Richtlinien müssen im Team besprochen und anschließend von den Mitarbeiter:innen unterzeichnet werden. Neue Mitarbeiter:innen erhalten die Richtlinien dann zukünftig zum Beispiel mit den Einarbeitungsunterlagen.

3.4.1 Leitlinien für das Team

Neben den Richtlinien sollten zusätzlich Leitlinien für Fachkräfte und Familien erarbeitet werden. Leitlinien unterstützen dabei, allen Beteiligten Orientierung und Sicherheit zu geben. Fachkräfte und Familien können daran ihr Handeln und ihr Verhalten ausrichten. Dabei ist zu beachten, dass Leitlinien nicht festgeschrieben und unveränderbar sind. Vielmehr gilt es, die Leitlinien in regelmäßigen Abständen mit allen Beteiligten dahingehend zu überprüfen, ob die Ausrichtung und Intention noch den aktuellen Bedarfen entsprechen.

Schon im Prozess der Entwicklung der Leitlinien geschieht etwas ganz Wichtiges: Das Team verständigt sich über zentrale Fragen im Umgang mit den digitalen Kommunikationsmedien. So entwickeln alle Teammitglieder eine Sensibilität für bestimmte Themenbereiche.

Für die Erarbeitung der Leitlinien können die nachfolgenden Reflexionsfragen eingesetzt werden. Nutzen Sie diese Anregungen, um sich zu den verschiedenen Aspekten, Facetten und Auswirkungen von digitaler Zusammenarbeit mit Familien auszutauschen. Die für das Team wesentlichen Elemente sollten jeweils als Leitlinie in ein bis maximal zwei Sätzen formuliert werden:

- Was soll über den digitalen Weg kommuniziert werden?
- Worauf achten wir generell bei der digitalen Zusammenarbeit?
- Welche Dinge beachten wir, wenn Fotos Bestandteil der Zusammenarbeit sind?
- Wann sind geeignete Zeitpunkte zum Versenden von Newslettern an die Familien?
- In welchem Zeitraum antworten wir Familien auf digitale Nachrichten?
- Wie viel Raum soll und darf die digitale Zusammenarbeit mit den Familien im pädagogischen Alltag einnehmen?
- Welche Aufgabenverteilung gibt es innerhalb des Teams?
- Wie werden die Kinder an der Kommunikation beteiligt?
- Wie nutzen wir in Zukunft das Tür-und-Angelgespräch?

3.4.2 Leitlinien für die Familien

Die Entwicklung der Leitlinien für Familien obliegt ebenfalls dem pädagogischen Team. Optimal ist es an dieser Stelle, auch gleich den Elternbeirat einzubeziehen, um möglichst frühzeitig die Perspektive der Familien zu verorten. Die Beschäftigung mit folgenden Fragestellungen kann Sie bei diesem Prozess unterstützen:

- In welchem Turnus haben Familien mit Nachrichten aus der Kita zu rechnen?
- Auf welche Rückmeldezeiten zu digitalen Nachrichten sollten sich die Familien einstellen?
- Bis wann sollen Infos bzw. Krankmeldungen von Familien an die Kita gesendet werden?
- Welche Vorgaben gibt es für die Familien hinsichtlich der Weitergabe von Informationen, Video-, Bild- und Tonaufnahmen an Dritte? Ist das generell „verboten"?
- Wie sollten Familien mit Alltagseindrücken umgehen, die sie digital erhalten haben? Wie wichtig ist es, trotzdem noch ausführlich mit dem Kind über diese Erlebnisse in der Kita zu sprechen?
- Wofür können zukünftig Tür-und-Angelgespräche genutzt werden?
- An wen in der Kita kann ich mich wenden, wenn ich Fragen oder Probleme im Hinblick auf die digitale Zusammenarbeit habe?

3.5 Einführungs- und Umsetzungsphase

Für eine erfolgreiche Einführung der digitalen Zusammenarbeit mit Familien sind noch weitere vorbereitende Aktivitäten notwendig. Neben der Beschäftigung mit den strukturellen und technischen Rahmenbedingungen werden Schulungen für die pädagogischen Fachkräfte geplant und durchgeführt. Auch die Schritte der Einführung müssen festgelegt und die Informationen für die Familien erarbeitet werden.

3.5.1 Strukturelle Rahmenbedingungen

Machen Sie sich bereits im Vorfeld Gedanken in Bezug auf die technische Sicherheit und Funktionalität:

- Wie sieht die technische Infrastruktur in der Kita aus? Kann damit die digitale Zusammenarbeit realisiert werden?
- Ist die Internetverbindung ausreichend? Braucht es einen zusätzlichen Anschluss?
- Sind Hardware und Software auf dem aktuellen Stand? Stehen mobile Geräte wie Tablets für die alltagsintegrierte Kommunikation zur Verfügung?
- Wer kümmert sich um die Technik-Wartung?
- Funktioniert die Technik einwandfrei? Wo müssen wir nachsteuern? Was können wir selbst tun? Wobei benötigen wir Unterstützung?
- Wer kümmert sich um die Rückmeldungen der Familien zu technisch-organisatorischen Fragen?
- Welche Sicherheitseinstellungen müssen auf den Geräten vorgenommen werden?
- Haben wir in der Kita eine versierte Familie, die uns mit Rat und Tat zur Seite stehen kann?
- Kennen wir eine andere Einrichtung, die bereits mit digitalen Medien arbeitet und uns mit ihren Erfahrungen weiterhelfen kann?

In der Regel sollte bei diesem Punkt auch der Träger involviert werden. Aspekte wie die Wartung von Geräten oder die Beantwortung von technischen Fragen der Familien können vom Träger zentral für alle Kitas organisiert werden. Dieses Vorgehen ist effizienter und spart Zeit in den Einrichtungen.

> Wenn Sie planen, vermehrt via E-Mail mit den Familien zu kommunizieren, ist es hilfreich, wenn alle Mitarbeiter:innen entweder Zugang zur Kita-E-Mail-Adresse bekommen oder einrichtungsspezifische E-Mail-Adressen erhalten. Auf diese Weise wird zum einen ein professionelles Auftreten nach außen gewährleistet. Zum anderen vermischen sich private und berufliche Themen nicht, und Sie können sicherstellen, dass keine E-Mails der Familien auf der privaten Adresse landen, wenn eine Fachkraft die Einrichtung verlassen hat.

3.5.2 Anschaffung der Ausstattung

Wenn bereits eine technische Ausstattung in der Kita vorhanden ist, kann diese für die Umsetzung der digitalen Zusammenarbeit mit Familien einfach ergänzt werden. Aus ökonomisch-ökologischer Perspektive sollte die in den Einrichtungen verfügbare Technik für möglichst viele Bedürfnisse und Interessen der Fachkräfte und Kinder nutzbar sein. Die Anschaffung bezieht sich dabei sowohl auf die Hardware (die Geräte und das benötigte Zubehör) als auch auf die Software (die Anwendungen und Apps).

Eine planvolle **Ergänzung der Ausstattung** kann mit folgenden Fragen beginnen:

- Welche digitalen Medien haben wir bereits in der Einrichtung?
- Was haben wir mit den digitalen Medien im Rahmen der Zusammenarbeit mit Familien vor?
  - Welche Methoden für die Zusammenarbeit mit Familien sollen zukünftig mit digitalen Medien umgesetzt werden?
  - Welche digitalen Endgeräte bieten sich dafür an? Falls mehrere Methoden eingeführt werden, überlegen Sie, welches Endgerät sich möglicherweise für alle Methoden einsetzen lässt.
  - Sollen Anwendungen eingesetzt werden, die eine kabellose Internetverbindung benötigen?
  - Reicht die aktuelle Breitbandinternetanbindung dafür aus?
- Ist die Leistung der Geräte für unser Vorhaben ausreichend?
- Sind die Betriebssysteme der Geräte für den Einsatz der gewünschten Software auf dem aktuellen Stand?
- Gibt es vor Ort einen Dienstleister, der uns bei Neuanschaffungen beraten kann? Oder gibt es trägerseitige Unterstützung, die angefragt werden kann?

Aus diesen Überlegungen lassen sich dann die Antworten auf die folgende Frage ableiten: Welche digitalen Medien bzw. welches Zubehör für die digitale Zusammenarbeit mit Familien benötigen wir? Nutzen Sie die nachfolgende Liste mit Ausstattungsanregungen, um in den Austausch zu kommen, welche Elemente bei Ihnen in der Einrichtung notwendig sind. Die Antworten auf die Fragen zur Ausstattung helfen dabei, genauer abschätzen zu können, welche Kosten auf die Kita zukommen.

Hardware

- Internet-Breitbandanbindung mit hoher Download- und vor allem Upload-Rate für das Speichern von Beobachtungsdaten auf sicheren Servern
- Aktuelle Router bzw. Access-Points für stabiles WLAN bzw. LTE/5G in den Kita-Räumen und Außenbereichen
- PC bzw. Laptop mit ausreichender Leistung

- Tablet(s)
- Digitale(r) Bilderrahmen
- Bildschirm(e)
- Smartphone für Ausflüge / Waldgruppen

Zubehör

- Wandhalterungen
- Lautsprecherboxen bzw. Kopfhörer zum (ungestörten) Ansehen und/oder Anhören von Video- und Tonaufzeichnungen
- Externes Mikrofon für Video- oder Tonaufnahmen
- Schutzhülle für Tablet(s)
- Stativ für Aufzeichnungen

Software (Anwendungen & Apps)

- Aktuelle Betriebssysteme iOS, Windows, Android, damit die Software zur digitalen Kommunikation gut funktioniert
- Office-Software inklusive E-Mail-Programm wie Microsoft oder Open Office für Windows und Mac, Pages etc.
- Aktuelle Browser wie Google Chrome, Firefox oder Microsoft Edge, damit online-basierte Anwendungen gut funktionieren
- Aktuelle Schutzsoftware bzw. Apps wie Virenscanner oder Firewalls
- Benötigte Anwendungen bzw. Apps für die Umsetzung der Methoden zur digitalen Kommunikation

> Bedenken Sie bei der Neuanschaffung von Ausstattung auch die weiteren Nutzungsmöglichkeiten der Geräte. So gibt es viele Überschneidungspunkte mit der digitalen Beobachtung und Dokumentation in der Kita (vgl. Lepold, Lill & Tuffentsammer, 2021). Im Sinne der alltagsintegrierten Medienbildung (Lepold & Ullmann 2019) kann direkt mitbedacht werden, inwieweit die Technik und Software dafür ebenfalls geeignet sind.

3.5.3 Schulung des Teams

Eine wichtige Säule für eine gelingende und nachhaltige Einführung der digitalen Zusammenarbeit mit Familien ist die Schulung der pädagogischen Fachkräfte. Die pädagogisch inhaltliche (Weiter-)Qualifizierung des Teams geschieht zum einen fortlaufend durch die Beschäftigung mit dem Thema in den Teamsitzungen, zum anderen bei der gemeinsamen Entwicklung der Leitlinien. Es kann auch sinnvoll sein, sich im Team ganz allgemein noch einmal mit den Themen Haltung in Bezug auf die Familien, Bildungs- und Erziehungspartnerschaft sowie Familienkommunikation zu beschäftigen und entsprechende Fortbildungen oder Teamtage durchzuführen.

> Halten Sie Leitlinien, Fortbildungs- oder Teamerkenntnisse und wichtige pädagogische Entscheidungen schriftlich fest. Dies bietet neuen Mitarbeiter:innen die Möglichkeit, sich mit der Haltung und den Anforderungen in der Einrichtung auseinanderzusetzen. Auch für Bestandsmitarbeiter:innen sind schriftliche Notizen eine gute Möglichkeit, das Thema immer wieder aufzufrischen.

Ausreichend Zeit und Raum müssen dem Team für die Software- und Technikschulung eingeräumt werden. Wenn neue Geräte für die Einrichtung angeschafft werden, brauchen die pädagogischen Fachkräfte Zeit und Gelegenheit, sich ungestört damit zu beschäftigen. So erlangen sie nach und nach die Sicherheit, die notwendig für den Praxiseinsatz ist. Ebenso verhält es sich beim Einsatz von Software und Apps. Je nach Komplexität sollte hier auch auf professionell aufbereitete Schulungen zurückgegriffen werden. Zur Einführung einer Kita-App wird von vielen Softwareanbietern entsprechendes Schulungsmaterial zur Verfügung gestellt. Achten Sie darauf, dass wirklich nur die Module und Elemente vermittelt werden, die auch zum Einsatz kommen. Andernfalls können Verwirrung und Unsicherheit entstehen und gegebenenfalls den Einführungsprozess behindern. Für kleinere Apps oder Programme stehen oftmals kostenfreie Anleitungsvideos, zum Beispiel in YouTube, zur Verfügung. Diese Videos sollten Sie jedoch vor der Weitergabe im Team inhaltlich prüfen.

Bei großen Trägern oder Kita-Verbünden kann es sich anbieten, eigene Fortbildungen oder Schulungsunterlagen zu erstellen. So können sich dann auch neue Mitarbeiter:innen selbstständig mit den Funktionen vertraut machen.

> Die Ansicht und der Funktionsumfang von Software und Apps verändern sich schnell. In der Praxis hat sich gezeigt, dass die Erstellung von Webinaren ein leicht umzusetzendes Schulungsmaterial ist, da es sich einfacher aktualisieren lässt als geschriebene Dokumente. Hier einige Tipps für den Aufbau:

- Erstellen Sie mehrere kurze, statt eines langen Videos.
- Erklären Sie pro Video eine (Teil-)Funktion und benennen Sie das Video entsprechend.
- Achten Sie darauf, dass der Maus-Curser bzw. Finger-Tip in der Aufzeichnung mitgefilmt wird, sodass die Zuschauer:innen nachvollziehen können, was genau gemacht wird.
- Erstellen Sie kleine Übungsaufgaben zu den Funktionen. So kommen die Fachkräfte direkt ins Ausprobieren und sammeln praktische Erfahrung.

Doch ist es mit der „theoretischen" Schulung in Sachen Software oder App noch nicht getan. Die pädagogischen Fachkräfte müssen praktische Erfahrungen im Umgang mit der Anwendung machen. Dazu sollte ihnen vor der Einführung ausreichend Zeit eingeräumt werden. Richten Sie unbedingt auch ein Zeitfenster, zum Beispiel in der Teamsitzung, ein, damit die Beteiligten Fragen stellen und sich über ihre Eindrücke austauschen können. Alternativ kann auch ein:e versierte:r Kolleg:in aus dem Projektteam Ansprechpartner:in für die Fachkräfte werden und für Fragen oder Probleme zur Verfügung stehen.

3.5.4 Familien-Information zum Start

Eine gezielte und ausführliche Information der Familien im Zuge der Einführung der digitalen Zusammenarbeit ist unabdingbar. Eine dafür entwickelte Handreichung macht hier absolut Sinn. Die Einführung hat Auswirkungen auf die Familien und beeinflusst deren gewohnte Kommunikationsprozesse. Wichtig ist dabei eine klare und offene Kommunikation, um Unsicherheiten und Bedenken zu klären.

Eine Informationsveranstaltung zu Beginn bietet Raum, die Familien in Kenntnis über die geplante Zusammenarbeit zu setzen. Je klarer dabei erläutert wird, wie und zu welchem Zweck die Zusammenarbeit auf digitalem Weg stattfindet, desto weniger Unsicherheiten werden bei den Familien entstehen. Auf folgende Punkte sollten Sie sich vorbereiten:

- Wie ist der Gedanke zustande gekommen, digitale Zusammenarbeit einzuführen?
- Welche Bedürfnisse und Wünsche hatten die Familien bei der Umfrage zur Einführung der digitalen Zusammenarbeit angeführt? Was davon kann in welchem Zeitraum eingeführt werden?
- Mit welchen Anwendungen und Apps wird zukünftig gearbeitet?
- Wie gewährleistet die Kita den Datenschutz bei der digitalen Zusammenarbeit?
- Welche veränderten Aufgaben und Anforderungen kommen auf die Familien zu?
- Über welchen Weg erreichen die Informationen die Familien? Wie bekommen sie Zugang und welche Geräte werden benötigt?
- An wen können sich die Familien wenden, wenn etwas technisch nicht funktioniert?

- Welche Themen und Inhalte können die Familien über den digitalen Weg teilen und welche bleiben besser dem persönlichen Gespräch vorbehalten?
- Welche Inhalte und Informationen können die Familien von den Fachkräften über den digitalen Weg erwarten?
- Wie sieht der Zeitplan für die Einführung aus?

Auch die Kinder werden über die Formen der digitalen Zusammenarbeit mit ihren Familien informiert, und es sollte mit ihnen besprochen werden, was diese Umstellung für sie bedeutet. Dabei wird den Kindern die Möglichkeit gegeben, Fragen zu stellen und ihre Gedanken zu äußern. Der Blick der Kinder kann einen wichtigen Teil des Einführungsprozesses ausmachen.

Ist die digitale Zusammenarbeit einmal eingeführt und sind die Prozesse eingespielt, kann eine weitere Familienveranstaltung sinnvoll sein, um die Erfahrungen aus den ersten Monaten auszutauschen, weitere Schritte zu planen und gegebenenfalls Änderungen anzudenken.

3.6 Weiterentwicklung und Reflexion

Nicht alles kann im Vorfeld bedacht und berücksichtigt werden. Manches ergibt sich erst im praktischen Tun. Daher müssen bei der Einführung der digitalen Zusammenarbeit mit Familien ausreichend Reflexions- und Feedbackschleifen eingeplant werden. Diese sollten innerhalb des Teams, mit Vertreter:innen des Elternbeirates sowie den Familien stattfinden, um Stolpersteine zu entdecken, neue Optionen zu erarbeiten und die digitale Zusammenarbeit nach und nach zu verstetigen.

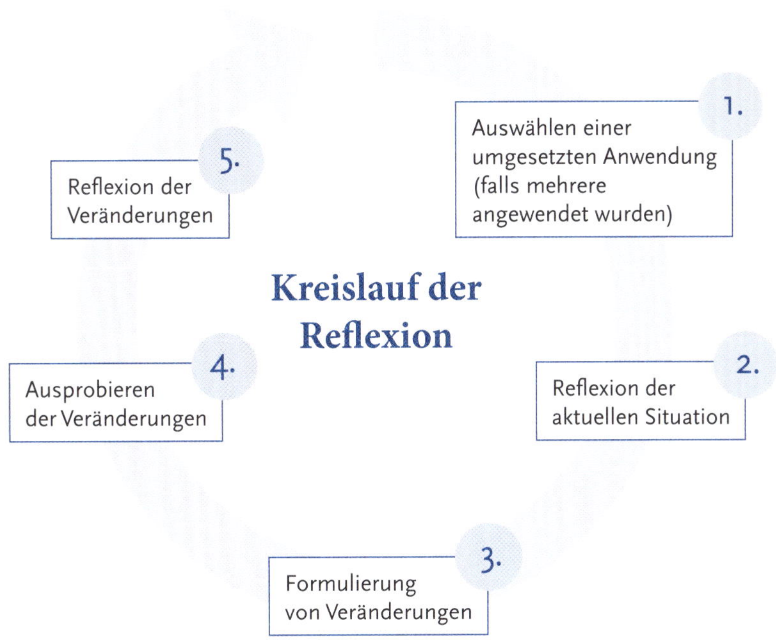

3.6.1 Reflexion im Team

Planen Sie Reflexionsphasen im Team während des Einführungsprozesses ein. Von Beginn an sollte immer ein kurzes Zeitfenster in den Teamsitzungen dafür reserviert werden. Bei einem wöchentlichen Blitzlicht kann abgefragt werden, was in der vergangenen Woche gut gelaufen ist und welche Fragen, Hürden oder Stolpersteine den Kolleg:innen begegnet sind. So kann bei Bedarf direkt nachgesteuert und/oder technische Probleme können gelöst wer den. Dieses Vorgehen verhindert, dass sich im Team Frustration aufbaut.

Darüber hinaus hat es sich bewährt, nach sechs bis acht Wochen eine erste ausführliche Reflexion im Team durchzuführen, um die Effekte zu überdenken, die Leitlinien zu überprüfen und, wenn notwendig, Änderungen zu besprechen. Nach der ersten ausführlichen Reflexion sollten in größeren Abständen weitere Reflexionszeiten geplant werden. Aufgrund der Veränderungen des Kommunikationsverhaltens in den Teams und bei den Familien ist die Reflexion der (digitalen) Prozesse der Zusammenarbeit ein fortwährender, nie abgeschlossener Prozess.

Fragen für die Reflexion im Team

- Wie lassen sich die Ideen umsetzen?
- Wie geht es mir als Fachkraft damit?
- Wie reagieren die Kinder, Familien und andere Beteiligte darauf?
- An welchen Stellen muss nachgesteuert werden? Welche Ideen gibt es dazu?
- Was funktionierte schon nach kurzer Zeit? Was ist eher mühsam?
- Bemerken wir im pädagogischen Alltag, dass uns die digitalen Geräte von der Aufsichtspflicht ablenken?
- Welche Funktionen sollte die Software noch bieten bzw. welche zusätzlichen Anwendungen benötigen wir?

3.6.2 Feedback der Familien

Die Rückmeldungen, Stolpersteine und Wünsche der Familien sind ein elementarer Bestandteil einer gut etablierten Zusammenarbeit zwischen pädagogischen Fachkräften und Familien. Wenn es bereits ein funktionierendes Beschwerdemanagement in der Kita gibt, sollte dieser Punkt keine große Herausforderung darstellen. Alle Familien müssen wissen, an wen sie sich bei Fragen wenden und wie sie Feedback geben können. Und es muss transparent sein, wie mit Feedback seitens der Kita umgegangen wird. Erklären Sie den Familien zum Beispiel, dass ihr Feedback über einen gewissen Zeitraum gesammelt und dann im Team besprochen wird. Über die Ergebnisse und abgeleiteten Änderungen aus diesem Austausch werden die Familien anschließend informiert.

Bereits nach den ersten Schritten der digitalen Zusammenarbeit sollten die pädagogischen Fachkräfte die Familien beobachten und Zwischentöne wahrnehmen. Verändert sich das Verhalten der Familien? Reagieren sie in Bring- und Abholsituationen anders? Ändern sich die Tür-und-Angelgespräche? Diese Beobachtungen sind von großer Bedeutung, da so auch das unausgesprochene Feedback eingesammelt werden kann. Ebenso sollten die Fachkräfte aktiv in den Tür-und-Angelgesprächen bei den Familien nachfragen, ob alles klappt, ob es irgendwo hakt oder Fragen aufgetaucht sind. Wird diese Rückversicherung von Beginn an konsequent durchgeführt, hilft sie zu verhindern, dass sich größere Probleme auftürmen, und auch Kleinigkeiten können zeitnah besprochen und angepasst werden.

Währen des Einführungsprozesses sollten Sie feste Reflexionstermine mit dem Elternbeirat einplanen. Ähnlich wie bei der Reflexion mit dem Team wird ein erstes kurzes Gespräch bereits wenige Tage nach der Einführung stattfinden. Ein zweiter ausführlicher Austausch erfolgt dann nach sechs bis acht Wochen. Sprechen Sie gemeinsam darüber:

- Was läuft schon gut?
- Wo gibt es noch Unklarheiten, Hürden oder technische Schwierigkeiten?
- An welchen Stellen wird von den Familien Unterstützung benötigt?
- Welche Fragen oder Probleme haben die Familien bereits an den Elternbeirat kommuniziert?
- Welche Wünsche und Erwartungen gibt es für die nächsten Wochen?

Einige Monate nach der Einführung bietet es sich an, eine Familienbefragung durchzuführen. Hier kann abgeklärt werden, inwieweit die Erwartungen erfüllt wurden, welche Bedarfe noch offen sind und wo neue Wünsche und Ideen entstanden sind. Darüber hinaus sollte in der Familienbefragung Raum sein, um Probleme und Hürden seitens der Familien zu erfassen.

Sicherlich können nicht alle Wünsche und Probleme der Familien direkt oder überhaupt gelöst werden, denn häufig handelt es sich um sehr unterschiedliche Bedürfnisse und Erwartungen. Für eine erfolgreiche Zusammenarbeit ist es jedoch wichtig, dass die Familien eine Rückmeldung erhalten, was umgesetzt oder gelöst wird, was vielleicht auch nicht möglich ist und aus welchen Gründen. So erleben die Familien, dass ihre Rückmeldungen aufgenommen und berücksichtig wurden.

3.6.3 Verstetigung

Nach der Einführungsphase gilt es, die digitale Zusammenarbeit nachhaltig in der Einrichtung zu implementieren. Basierend auf den Reflexionen und Befragungen im Einführungsprozess sollten die Leitlinien bei Bedarf überdacht und angepasst werden. Schrittweise können dann auch weitere Formen der digitalen Zusammenarbeit bzw. weitere Funktionen der Anwendungen etabliert werden.

Sofern es nicht bereits während der Einführung geschehen ist, sollten Überlegungen angestellt werden, wie neu dazukommende Familien abgeholt werden und welche Materialien oder Veranstaltungen dafür sinnvoll sind. Die digitale Zusammenarbeit mit Familien ist ein beständiger Prozess, der eine stetige Bereitschaft zur Weiterentwicklung des Kita-Teams erfordert. Denn nur so können die Fachkräfte flexibel auf Veränderungen in der Zusammenarbeit reagieren. Und das wiederum verlangt entsprechende Strukturen, wie zum Beispiel die Verankerung der digitalen Zusammenarbeit im Konzept der Einrichtung.

Das Einrichtungskonzept bildet die Grundlage der pädagogischen Arbeit und schafft Transparenz für alle Beteiligten. Neben der grundsätzlichen pädagogischen Ausrichtung sowie dem Bild vom Kind sind dort die wesentlichen Leitlinien verankert, wie die (pädagogischen) Ziele erreicht werden. Die Motive des pädagogischen Handelns werden damit für die Fachkräfte, aber auch die Familien sichtbar. Bezogen auf die (digitale) Zusammenarbeit mit Familien bedeutet dies, dass Sie festhalten:

- Welche Ziele verfolgen wir in der Zusammenarbeit mit Familien?
- Warum sind diese Ziele wichtig für unsere pädagogische Arbeit und für das Kind?
- Mit welchen analogen und/oder digitalen Ansätzen erreichen wir diese Ziele?

Auf die Aspekte, die Sie im Konzept festhalten, können Sie immer wieder zurückgreifen, um zu sehen, ob die gelebte Zusammenarbeit damit konform geht. Die Herausforderung bei der Verankerung im Konzept besteht darin, ausreichend Spielraum für etwaige Anpassungen zu lassen. Denn so, wie sich die Teams, die Familien und deren Lebenswelten verändern, wird es auch Veränderungen in der Zusammenarbeit geben (müssen). Um sicherzustellen, dass wichtige Anpassungen nicht übersehen werden, ist auch nach der Verankerung der digitalen Zusammenarbeit im Konzept eine kontinuierliche Reflexion von großer Bedeutung. Daher sollte in der Phase der Versteigung regelmäßig, wenn auch in größeren Abständen, Zeit zum Austausch und zur Reflexion sowohl im Team als auch mit den Familien einplant werden.

4. Verantwortungsvoller Umgang mit dem Datenschutz

In diesem Kapitel erfahren Sie

- **welche Rolle die UN-Kinderrechtskonvention bei der digitalen Zusammenarbeit mit Familien spielt**
- **auf was Sie bei der Auswahl von Kommunikationsanwendungen achten müssen**
- **welche Aspekte es hinsichtlich des Rechts am eigenen Bild zu beachten gibt**

Bei der digitalen Zusammenarbeit mit Familien muss in Kitas ein bewusster und verantwortungsvoller Umgang auf Basis der gesetzlichen Regelungen gewährleistet sein. Viele Formen der digitalen Zusammenarbeit mit Familien machen es notwendig, dass personenbezogene Daten erhoben und digital gespeichert werden. Es handelt sich also um eine Verarbeitung von Sozialdaten, für die besondere Datenschutzregelungen gelten. Für Datenschutzfragen sind die Datenschutzbeauftragten bzw. die Rechtsabteilungen der Träger für die Kita-Teams die wichtigsten Ansprechpartner. Bundeslandspezifische Informationen finden Kita-Träger und Einrichtungen auch auf den Websites der für die Kindertagesbetreuung zuständigen Ämter oder der Landesdatenschutzbeauftragten.

Der Bereich der digitalen Zusammenarbeit zwischen Familien und Kitas steckt noch in den Anfängen. Viele Regelungen zum Thema Datenschutz im Kita-Bereich wurden zum Teil für einzelne Bundesländer (siehe Reichert-Garschhammer 2021) gerade erst erarbeitet oder befinden sich im Rahmen von Modellprojekten noch in der Entstehung. So gibt es zum Beispiel in Bayern aufgrund der Vorgaben im Bildungsplan die Rechtsauslegung, dass keine weiteren Einwilligungserklärungen der Erziehungsberechtigten für die digitale Zusammenarbeit notwendig sind. In anderen Bundesländern gehen die Empfehlungen noch dahin, verschiedene Einwilligungserklärungen mit den Erziehungsberechtigen abzuschließen.

Neben den länder- und trägerspezifischen Regelungen in Bezug auf den Datenschutz in Kitas gibt es noch weitere Aspekte, die es hinsichtlich eines verantwortungsvollen Umgangs bei der digitalen Zusammenarbeit mit Familien zu beachten gilt. Dazu zählt die Beachtung der UN-Kinderrechtskonvention (UN-KRK). Kinder haben Schutz-, Förder- und Beteiligungsrechte, und vor allem letztere müssen bei der digitalen Zusammenarbeit zum Tragen kommen.

Berücksichtigung des Kindeswillens (Artikel 12 UN-KRK)

Die Vertragsstaaten sichern dem Kind, das fähig ist, sich eine eigene Meinung zu bilden, das Recht zu, diese Meinung in allen das Kind berührenden Angelegenheiten frei zu äußern, und berücksichtigen die Meinung des Kindes angemessen und entsprechend seinem Alter und seiner Reife.

Meinungs- und Informationsfreiheit (Artikel 13 UN-KRK)

Das Kind hat das Recht auf freie Meinungsäußerung; dieses Recht schließt die Freiheit ein, ungeachtet der Staatsgrenzen Informationen und Gedankengut jeder Art in Wort, Schrift oder Druck, durch Kunstwerke oder andere vom Kind gewählte Mittel sich zu beschaffen, zu empfangen und weiterzugeben.

Es gilt also, die Kinder bei der digitalen Zusammenarbeit mit den Familien einzubeziehen. Sie haben ein Recht darauf, informiert zu werden, was an die Familie weitergeben wird. Abhängig von ihrem Entwicklungsalter haben Kinder darüber hinaus das Recht, mitzuentscheiden, ob und was weitergegeben wird. Dazu zählt auch die Beachtung des Rechts der Kinder am eigenen Bild. Aufgabe der pädagogischen Fachkräfte ist es, die Stimme des Kindes einzuholen und für die Berücksichtigung des Kindeswillens Sorge zu tragen.

4.1 Auswahl der Anwendungen nach Datenschutzgesichtspunkten

Für den Bereich der digitalen Kommunikation und Zusammenarbeit mit Familien finden sich auf dem Markt zahlreiche Anbieter. Hier gilt es, eine verantwortungsvolle Entscheidung bei der Auswahl des Kanals für die Zusammenarbeit mit den Familien in der Kita zu fällen.

Achten Sie unbedingt darauf, dass der Anbieter sämtliche Vorgaben der DSGVO einhält. Für Sie sollte jederzeit nachvollziehbar sein, wo welche Daten zu welchem Zweck gespeichert werden. Beim Einsatz einer Kita-App muss außerdem zwischen dem Kita-Träger und dem Anbieter der App ein Auftragsdatenverarbeitungsvertrag (AV-Vertrag) geschlossen werden, um datenschutzrechtlich korrekt zu arbeiten.

Manchmal liegt der Weg nahe, Kanäle zu nutzen, die bereits privat sowohl von den Fachkräften als auch den Familien genutzt werden, da es den Austausch scheinbar erleichtert. Jedoch liegen gerade hier die größten Fallstricke. Werden Messenger-Dienste, wie etwa WhatsApp, zur Zusammenarbeit mit Familien genutzt, ist zunächst der Datenschutz nicht gegeben. Darüber hinaus liegt dann auch der Gedanke nahe, mit privaten Geräten über diese Messenger zu kommunizieren. Neben der Tatsache, dass sich in solchen Fällen berufliche und private Angelegenheiten mischen, befinden sich unter diesen Umständen Daten und Informationen von und über die Familien auf Privatgeräten der Mitarbeiter:innen. Und das ist unbedingt zu vermeiden. Zudem gilt es, die Fachkräfte zu schützen: Sie müssen die Möglichkeit haben, Berufliches und Privates klar zu trennen. Sobald die Familien mit ihnen über gängige Messengerdienste kommunizieren können, bedeutet dies, dass die Familien auch private Kontaktdaten der Mitarbeiter:innen haben.

Da es für viele Einrichtungen eine große Herausforderung darstellt, einen Überblick über sämtliche Anbieter zu gewinnen, zu behalten und eine valide Einschätzung in punkto Datensicherheit zu treffen, gibt es mittlerweile von offiziellen Stellen entsprechende Handreichungen. Ein Beispiel hierfür ist die Expertise des Staatsinstituts für Frühpädagogik (IFP) (www.kita-digital-bayern.de/ergebnisse-des-modellversuchs). Hier werden in regelmäßigen Abständen Kita-Apps auf dem deutschen Markt nicht nur nach Funktionsumfang gelistet, sondern auch hinsichtlich der Datenschutzbestimmungen geprüft. Gleichzeitig erhalten Sie dort Tipps, auf was Sie bei der Auswahl von Anwendungen achten müssen. Neben dieser Expertise gibt es vermehrt Studien und/oder Berichte zur Datensicherheit von Kita-Apps und anderen Anwendungen. Da es neben den allgemeinen Bestimmungen der DSGVO meist auch einrichtungs- bzw. trägerspezifische Datenschutzregelungen gibt, ist es wichtig, sich hier vorab entsprechend zu informieren. Dafür steht Ihnen im Regelfall ein:e Datenschutzbeauftragte:r zur Seite. Neben der Klärung von allgemeinen Fragen können Sie vor dem Einsatz eine App auch durch den/die Datenschutzbeauftragte:n prüfen lassen. Grundsätzlich sind die Datenschutzbeauftragten bzw. die Rechtsabteilungen der Träger in dieses Fragen für die Teams die wichtigsten Ansprechpartner:innen.

4.2 Recht am eigenen Bild

Viele der vorgestellten Formen zur digitalen Zusammenarbeit beinhalten die Verwendung von Foto-, Video- oder Tonaufnahmen. Im Sinne des Rechts auf informationelle Selbstbestimmung entscheiden Kinder und deren Erziehungsberechtigte über die Anfertigung und Veröffentlichung von Aufnahmen, wenn ein Kind darauf identifizierbar abgebildet ist. Auch wenn die Erziehungsberechtigten ihr Einverständnis erteilt haben oder die Bildungspläne solche Aufnahmen vorsehen, gilt es, die Meinung des Kindes und damit auch ein „Nein" zu akzeptieren und zu beachten.

Damit die Kinder entscheiden können, müssen sie ihre Rechte kennen. Nur wenn Sie wissen, dass sie etwas entscheiden können und welche Möglichkeiten sie dazu haben, könne sie auch Gebrauch von diesem Recht machen. Teams sollten sich daher Gedanken machen, wie die Kinder informiert werden. Der einfachste Weg ist, klar zu benennen, warum Aufnahmen angefertigt, gespeichert und gegebenenfalls veröffentlicht werden. Kinder lernen so aktiv den Prozess der Datenverarbeitung kennen und können sich eine Entscheidungsgrundlage bilden.

Betrachten Sie die Aufnahmen gemeinsam mit dem Kind. Dabei kann es entscheiden, welche der Aufnahmen behalten oder gelöscht werden sollen. Das Kind hat hier auch das Recht zu entscheiden, dass alle Fotos, auf denen es abgebildet ist, gelöscht werden, ohne es begründen zu müssen.

> Die Fachkraft, Frau Kleye, zeigt Mira Fotos, die sie ein paar Minuten zuvor aufgenommen hat. Sie hat Mira dabei fotografiert, wie sie im Rollenspielbereich den Tisch gedeckt und ein Essen serviert hat. „Mira, möchtest du, dass wir mit den Fotos einen Portfolio-Eintrag machen?" – „Nein, die Fotos mag ich nicht, die sollst du löschen." Frau Kleye ist nun unsicher. Sie weiß, dass Mira derzeit viele Fragen verneint. Und sie hat das Gefühl, dass Mira nicht ganz überblicken kann, was es bedeutet, die Fotos zu löschen. Vielleicht sollte sie die Fotos erstmal nicht löschen. Ihr Kollege, Herr Fisander, bekommt die Situation mit und bemerkt, dass Frau Kleve mit sich hadert. „Dir fällt es gerade schwer, die Fotos zu löschen, weil du es schade findest, dass ein so schöner Moment verlorengeht? Das kann ich verstehen. Aber überleg doch mal, was für ein wichtiger Moment es für Mira ist, wenn sie sieht, wie du ihren Wunsch respektierst, obwohl du anderer Meinung bist."

Es ist wichtig, dass Sie als Fachkraft nicht versuchen, die Entscheidung des Kindes zur Verwendung des eigenen Bildes zu beeinflussen, sodass schlussendlich Ihr gewünschtes Ergebnis herauskommt. Doch können Sie selbstverständlich dem Kind Ihre Überlegungen schildern. Es geht darum, in den Dialog über die Aufnahmen zu treten, zum Beispiel durch die Benennung abgebildeter positiver Situationen, gemeinsamer Erlebnisse etc. Dieser Dialog führt zu gegenseitigem Vertrauen, Verständnis und schafft Grundlagen für Entscheidungen.

Nicht immer werden Aufnahmen in Kitas zweckgebunden angefertigt, sondern eher nebenbei gemacht. Sorgen Sie dafür, dass Sie auch in diesen Situationen das Recht der Kinder nicht übergehen. Klären Sie mit den Kindern, warum und wie Aufnahmen im Alltag angefertigt werden und inwieweit das einzelne Kind darauf Einfluss nehmen kann.

Literatur

Bensel, J.; Haug-Schnabel, G. & Kobelt Neuhaus, D. (2014): Qualität der Zusammenarbeit mit Eltern. Ein Leitfaden für den frühpädagogischen Bereich. Bensheim: Karl Kübel Stiftung für Kind und Familie. Verfügbar unter: www.vodafone-stiftung.de/wp-content/uploads/2019/06/Publikation_Leitfaden-Elternarbeit-in-Kitas.pdf (Zugriff am 27.03.2021).

Betz, T. (2015): Das Ideal der Bildungs- und Erziehungspartnerschaft. Kritische Fragen an eine verstärkte Zusammenarbeit zwischen Kindertageseinrichtungen, Grundschulen und Familien. Verfügbar unter: www.bertelsmann-stiftung.de/fileadmin/files/BSt/Publikationen/GrauePublikationen/Studie_WB__Bildungs-_und_Erziehungspartnerschaft_2015.pdf (Zugriff am 12.03.2021).

Cohen, F., Oppermann, E. & Anders, Y. (2021): (Digitale) Elternzusammenarbeit in Kindertageseinrichtungen während der Corona-Pandemie. Digitalisierungsschub oder verpasste Chance? Zeitschrift für Erziehungswissenschaften 24, 313–338. Verfügbar unter: https://doi.org/10.1007/s11618–021–01014–7.

Deutsches Jugendinstitut e.V. (DJI) (Hrsg.) (2011): Zusammenarbeit mit Eltern. Grundlagen für kompetenzorientierte Weiterbildung. München: Weiterbildungsinitiative Frühpädagogische Fachkräfte (WiFF). Verfügbar unter: www.weiterbildungsinitiative.de/fileadmin/Redaktion/Publikationen/WiFF_Wegweiser_3_Zusammenarbeit_mit_Eltern_Internet.pdf.

Doppler, K. (2008): Der Change Manager. Sich selbst und andere verändern – und trotzdem bleiben, wer man ist. Erfolgreich führen, Band 3. Frankfurt am Main: Campus.

Friederich, T. (2011): Zusammenarbeit mit Eltern – Anforderungen an frühpädagogische Fachkräfte. Eine Expertise der Weiterbildungsinitiative Frühpädagogische Fachkräfte (WiFF). München.

Fröhlich-Gildhoff, K. (2013): Die Zusammenarbeit von pädagogischen Fachkräften und Eltern im Feld der frühkindlichen Bildung, Betreuung und Erziehung. Bildungsforschung 10 1, 11–25.

Hummel, Th. G (2022): Chancen digitaler Medien in der Elternzusammenarbeit. Kita Fachtexte, Nr. 1/2022. Verfügbar unter: https://nbn-resolving.org/urn:nbn:de:kobv:b1533-opus-4823 und www.kita-fachtexte.de/de/fachtexte-finden/chancen-digitaler-medien-in-der-elternzusammenarbeit.

Initiative D21 e.V. (2022): D21-DIGITAL-INDEX 2021/2022. Jährliches Lagebild zur Digitalen Gesellschaft. Verfügbar unter: https://initiatived21.de/app/uploads/2022/02/d21-digital-index-2021_2022.pdf.

Jugendministerkonferenz/Kultusministerkonferenz (2004): Gemeinsamer Rahmender Länder für die frühe Bildung in Kindertagesstätten (Beschluss der Jugendministerkonferenz vom 13./14.05.2004 / Beschluss der Kultusministerkonferenz vom 03./04.06.2004). Verfügbar unter: www.kmk.org/fileadmin/veroeffentlichungen_beschluesse/2004/2004_06_04-Fruehe-Bildung-Kitas.pdf (Zugriff am 02.05.2021).

Kammermeyer, G.; King, S.; Goebel, P.; Lämmerhirt, A.; Leber, A.; Metz, A.; Papillion-Piller, A. & Roux, S. (2017): Mit Kindern im Gespräch. Augsburg: Auer.

Lepold, M. (2022): Mehrwert der Digitalisierung für Kinder, Familien und das Team. In: L. Fischer et al. (Hrsg.): Digitale Medien in Kindertageseinrichtungen. Perspektiven aus Theorie und Praxis. Hürth: Wolters Kluwer Deutschland – Carl Link.

Lepold, M. & Ullmann, M. (2019): Digitale Medien in der Kita. Alltagsintegrierte Medienbildung. Freiburg: Herder.

Lepold, M.; Lill, T. & Tuffentsammer, M. (2021): Digitale Beobachtung und Dokumentation in der Kita. Freiburg: Herder.

Medienpädagogischer Forschungsverbund Südwest (Hrsg.) (2021): miniKIM 2020, Kleinkinder und Medien. Basisuntersuchung zum Medienumgang 2- bis 5-Jähriger. Stuttgart.

Nentwig-Gesemann, I. & Hurmaci, A. (2020): KiTa-Qualität aus der Perspektive von Eltern. Gütersloh: Bertelsmann-Stiftung.

Reichert-Garschhammer, E. et al. (2020): Nutzung digitaler Medien für die pädagogische Arbeit in der Kindertagesbetreuung. Expertise des IFP im Auftrag des BMFSFJ. Berlin: BMFSFJ. URL: www.kita-digital-bayern.de/files/media/public/downloads/Endfassung-Kurzexpertise-IFP-Digitalisierung-Kindertagesbetreuung.pdf (Zugriff am 01.10.2022).

Reichert-Garschhammer, E. et al. (2021): KitaApps Apps und Softwarelösungen für mittelbare pädagogische Aufgaben in der Kita. Expertise Nr.2 Staatsinsitut für Frühpädagogik München (IFP). www.kita-digital-bayern.de/files/media/public/downloads/KitaApps-IFP-Expertise-Auflage-2-August-2021-final.pdf (Zugriff am 01.10.2022).

Roth, X. (2014): Was ist denn nun eigentlich Erziehungs- und Bildungspartnerschaft? In: S.. Tschöpe-Scheffler (Hrsg.): Gute Zusammenarbeit mit Eltern in Kitas, Familienzentren und Jugendhilfe. Qualitätsfragen, pädagogische Haltung und Umsetzung. Opladen: Barbara Budrich, S. 141–151.

Thiersch, R. (2006): Familie und Kindertageseinrichtung. In: P. Bauer & E.J. Brunner (Hrsg.): Elternpädagogik. Von der Elternarbeit zur Erziehungspartnerschaft. Freiburg: Lambertus, S. 80–105.

Tietze, W. & Viernickel, S. (Hrsg.) (2016): Pädagogische Qualität in Tageseinrichtungen für Kinder. Ein Nationaler Kriterienkatalog. Weimar: verlag das netz.

Viernickel, S. (Hrsg.) (2009): Beobachtung und Erziehungspartnerschaft. Offensive Bildung. Berlin: Cornelsen.

Wagner, U.; Eggert, S. & Schubert, G. (2016): MoFam – Mobile Medien in der Familie. Langfassung der Studie. Verfügbar unter: www.jff.de/studie_mofam.